SERIE
MYTHOS

MITOLOGÍA JUDÍA

JAVIER TAPIA

Diseño de cubierta y maquetación: Saul Rojas Blonval

Edita: Plutón Ediciones X, s. l.,

E-mail: contacto@plutonediciones.com
http://www.plutonediciones.com

Impreso en España / Printed in Spain

I.S.B.N: 979-13-87692-27-8
Depósito Legal: B-8509-2025

Prólogo
El grandioso poder de las profecías

Pero del fruto del
árbol del conocimiento
del bien y del mal,
¡no comerás!
Génesis

Visionar lo que nos depara el futuro.

Prevenir.

Predecir.

Soñar con lo que vendrá.

Ver lo que va a pasar muy pronto, o dentro de cientos de generaciones.

Atinar.

Saber.

Ver con claridad.

Intuir.

Adelantarse a lo que va a suceder.

Recibir el mensaje divino, angelical o maligno, para darlo a conocer.

Mirar en las estrellas, o en otras señales, el destino.

Ser el canal por el que se muestra el futuro en el trance del éxtasis sagrado.

Develar las máscaras del sendero en este mundo y en el que vendrá.

Marcar la ruta del camino recorrido o por recorrer.

En fin, adivinar lo que está por acontecer a un pueblo,

a un monarca o a un simple súbdito, profetizándole lo que le espera más adelante, los triunfos, las derrotas, la salud, los bienes y los afectos, la fertilidad propia o de los campos, las amenazas que se ciernen sobre uno y sobre otro, la llegada de un mesías, de un golpe de suerte o de un mal amenazante.

Adivinar para prevenir o para entregarse a los brazos de lo inevitable es la función primordial de toda profecía, por lo que hay cosas del futuro que se pueden evitar si las conocemos desde antes, y otras que se cumplirán inexorablemente.

Por supuesto, también hay profecías que no se cumplen nunca, y tal parece que jamás se cumplirán, pese a que los más grandes y famosos profetas de la humanidad, o en el contexto del libro presente, del judaísmo, hayan sido quienes las han proferido.

Una profecía, se cumpla o no, tiene la capacidad de unir o desunir criterios personales y pueblos enteros, e incluso llevarlos al enfrentamiento bélico.

El profeta Elías predijo la llegada del Mesías para salvar al pueblo judío a través de la estirpe del Rey David, y para algunos se cumplió, pero para otros no; unos creen que ya vino y se fue, y otros que no ha llegado nunca, pero que lo siguen esperando, por si las dudas.

Las profecías, tanto como cualquier creencia volátil y religiosa, ganan adeptos fanáticos que creen a pies juntillas lo que se dice en ellas, incluso si es del todo absurdo, claramente falso o netamente imposible. Los que creen en ellas se aferran a la posibilidad de su cumplimiento, e incluso aseguran que ya se han cumplido, pero que los herejes no son capaces de verlas.

Elías, recibiendo el mensaje del Señor

Dios no falla, el profeta no falla, lo que falla es la interpretación que se haga de la profecía, o la ceguera del no creyente que se niega a verla.

El creyente exige respeto, pero el no creyente no puede apelar a la tolerancia porque es reo de condenación eterna por el simple hecho de ser racional, algo prohibido por el Génesis desde el principio de los tiempos: "El que sabe está condenado por soberbio; el que cree está salvado por confiar en las palabras y profecías del Eterno".

La realidad no existe, lo que existe es la inefable voluntad de lo divino, que se manifiesta en la vida diaria a través de las profecías que fueron dichas y están escritas en los textos sagrados de todos los tiempos.

Sí, el destino de la humanidad y de todos y cada uno de los seres humanos (que son los miembros del Pueblo Elegido, y no otros), está dicho, escrito y profetizado desde el principio de los tiempos. No hay más. Palabra del Señor.

Las profecías son comunes a casi todos los cultos esotéricos y religiosos del mundo a lo largo y ancho de la historia.

A Saturno, por ejemplo, le profetizaron que uno de sus hijos lo desbancaría del trono del Olimpo, y por eso no dudó en comérselos a todos, pero Zeus (Júpiter), el menor, se salvó y volvió para matarlo, rescatar a sus hermanos, y ceñirse la corona del Olimpo, tal y como estaba predicho.

A Edipo le profetizaron que mataría a su padre y se casaría con su madre, y así lo hizo sin ser consciente de que la profecía se estaba cumpliendo, para sacarse los ojos después, como símbolo de su ceguera al no haber creído en su destino.

Moisés, abandonado en el río y rescatado por una reina, es la repetición casi infinita de los predestinados en la antigüedad, pues lo mismo le pasa a Edipo, Teseo, Perseo y hasta a Hércules, que son lanzados a la muerte en su más tierna infancia, para ser rescatados, sobrevivir y cumplir con su destino, sea el que fuere, desde matar al padre, sacar a un pueblo de la esclavitud o salvar al mundo entero.

Los niños adoptados siempre traen cuentas pendientes, y la más excelsa o terrible profecía puede ser una de ellas.

Las profecías son poderosas porque, se cumplan o no, crean y diseñan un futuro, influyen en el ánimo y apelan a los temores y supersticiones de los hombres.

La mitología judía está llena de profecías que siguen

influyendo en mucha gente, pues los miedos y las supersticiones humanas siguen siendo más o menos las mismas.

En pleno siglo XXI el miedo a las pandemias, pestes, plagas, terremotos, diluvios, sequías, incendios, cambios climáticos, huracanes, volcanes, hambrunas, desolación, abandono de las tradiciones, dictadores crueles, guerras, venganza de los dioses o furia de la naturaleza, accidentes, catástrofes terribles de toda índole y fin del mundo, siguen asolando a la, supuestamente, moderna, avanzada y tecnificada humanidad, dándole presencia a las más terribles profecías del pasado.

Miedo a la venganza de los dioses

Pasado, presente y futuro se agolpan y chocan entre sí manteniendo todo tipo de mitos y supersticiones, donde la mitología judía, junto con sus profecías, tiene y contiene un peso específico en el pensamiento occidental.

"Profetiza lo que quieras, que si es humano, se cumplirá", nos dicen los sabios, pues "nada de lo humano nos es ajeno", en palabras de Sócrates, como tampoco nada de lo que expresa la Madre Naturaleza.

El diluvio universal fue un hecho local, y el arca de Noé un canto a la ingenuidad de los hombres y a la ignorancia marítima de los dioses, pero un mito que nos recuerda nuestra pequeñez ante los fenómenos naturales en general y a las inundaciones, algunas de ellas devastadoras, en particular, con el agravante de que se pueden seguir pronosticando y profetizando perfectamente.

Profetizarle a un pueblo que es el elegido de un dios, ha servido para mantener a los judíos más o menos unidos, pero presentes e influyentes hasta el día de hoy, aunque solo sea para señalar el poder de una profecía, y que se cumpla o no se cumpla, sea o no sea verdad, no tiene la menor importancia, pues es materia de dogma y de fe, creencia pura.

La mitología judía es eso, puro poder de trascendencia dentro de este mundo, tanto, que ha impregnado a muchos pueblos que originalmente nada tienen de semitas, ni de israelitas ni de hebreos.

Introducción
La madre de las grandes religiones

Todo aquello que tiene
fecha de nacimiento
y fecha de defunción,
como los mismos dioses,
no es eterno.

El judaísmo, como madre de la religión católica, cristiana y musulmana, en sus diferentes sectas, ramas, tribus y expresiones, ha legado al mundo occidental una mitología que abarca desde las creencias esotéricas, hasta la magia, la cábala, los cuentos, las profecías, los refranes, e incluso algunas bromas y la manera de ser y de pensar judeocristiana, o bíblica, que suele ser algo patriarcal, jerárquica y muy machista acerca de nuestro comportamiento social, y de la cual hacemos uso y hasta gala todos los días.

Sí, la mitología judía es madre de la mitología católica, cristiana y musulmana, que conocemos hoy en día (y hermana e hija de las religiones y mitologías semíticas y medio orientales), y que veremos reflejadas a lo largo de este libro, pero en su versión original, es decir, judía, junto a algunos de los mitos y leyendas, positivos y negativos, que se han formado a su alrededor a lo largo de la historia.

Por supuesto, no hay que olvidar que una cosa son los mitos y leyendas que se desarrollan en el halo de las religiones, y otra cosa son las religiones oficiales propiamente dichas; en este caso, una cosa es lo que dicta el Sanedrín y los rabinos en sus sinagogas, y otra muy distinta lo que los pueblos y comunidades judías hacen, dicen y piensan al respecto, además de las mezclas con otras creencias y los inventos o interpretaciones propias y ajenas, a favor o en contra, de manera seria y esotérica, o bañadas de humor y anécdotas.

Todas las religiones oficiales tienen sus propias reglas, y unas son más sectarias que otras, mientras que las mitologías suelen ser abiertas y universales, y la mitología judía no es la excepción. La religión puede ser cerrada en sí misma sin aceptar nada que esté fuera de su canon, pero la mitología se cultiva y expresa en todos los ámbitos, y de todas las maneras, sin cortapisas, y sin exigir que se crea en ella firmemente.

La religión judía a menudo toma como historia sus propios mitos, sin importarle si encajan o no con la cronología, los hechos y los datos reales, y hasta paga investigaciones que se sesguen lo necesario para que el mito y la historia coincidan y se parezcan en algo, pero no por eso logra que los mitos se conviertan en realidad histórica, pero sí que esa historia sea en muchos casos solo un mito nacido de la imaginación más desvelada, y en eso se parece a casi todas las religiones que han existido en este planeta.

Sin embargo, y desde hace unos tres mil años —la religión insiste en que son algo más de cinco mil— los judíos han contado con algo que otras religiones no han tenido o no han conseguido: reunir a varios pueblos, o tribus, bajo un mismo pensamiento religioso que los ha mantenido unidos a pesar de las persecuciones que han padecido a lo largo y ancho de los siglos.

La idea de que solo hay un Dios verdadero y que los demás son falsos, demonios, supersticiones o inventos, tuvo su impacto (aunque Ahura Mazda ya lo era en Persia, pero no tan vengativo y violento), convirtiendo a Yahvé, una divinidad agrícola semítica, en el único Dios real del universo entero.

Yahvé, dios agrícola, antes de ser el único Dios verdadero

La idea del monoteísmo, que tampoco es propia ni original del judaísmo, les ha funcionado porque de ese monoteísmo se arrogan la cualidad de ser el pueblo elegido, los únicos seres humanos que hay en el mundo y los únicos que se salvarán de la nada y de los infiernos una vez que hayan alcanzado la muerte.

El resto de pueblos, los *goyim*, no son realmente humanos, aunque por naturaleza animal sean de la misma especie, y al no ser humanos no irán al Cielo nunca ni el Señor los tendrá bajo su manto protector nunca.

La vanidad y el complejo de elección y superioridad han sido un pegamento sólido y duradero, que se utiliza también en el patriotismo, las ideologías seglares, los deportes de competición y los gobiernos; pura mitología judía que cala hasta los huesos.

La idea de ser los únicos seres humanos en el mundo tampoco es original, ya que japoneses y apaches, entre otros, se han considerado a sí mismos como los únicos verdaderos seres humanos, mientras que los demás son demonios o errores. La diferencia parece estar en que apaches y japoneses no se sienten elegidos por un Dios guerrero y poderoso, ni con derecho a masacrar a otros pueblos y quedarse con sus bienes, pues así lo ha querido el Señor.

"Así lo quiere Dios", es la frase que ha justificado verdaderos genocidios en las religiones judeocristianas (hijas al fin del judaísmo), y no como algo inevitable del devenir del destino, sino por expresa voluntad divina, que no solo lo ha permitido, sino que lo ha mandado. Ni siquiera el sumerio Anu, dios de dioses y voluntad de todas las cosas y seres, llegó a tanto.

Las comunidades judías creen que cuando las cosas les van bien, es por el poder y la voluntad de su Señor, no por sus propios y humanos méritos, y, cuando les va mal y son perseguidos, despreciados y aniquilados, es porque le han fallado a su señor aunque se hayan portado bien, y se merecen los castigos que el Señor les mande.

¿Por qué sufrieron el Holocausto a manos de los nazis sin defenderse apenas?

Porque así lo quiso el Señor, debido a los errores y pecados del pueblo judío, llano o culto, porque así estaba escrito en las profecías y ese era su inevitable destino, pero nunca porque los nazis estuvieran fuera de sus cabales.

El Holocausto, ¿voluntad del Señor?

"Dios nos castiga por nuestros propios pecados, y utiliza a los sucios y bajos *goyim* para castigarnos", se repetía en los guetos y en los campos de concentración como fatalidad y consuelo, porque si eso era voluntad de Dios, había que aceptarlo.

Las comunidades judías, como pueblo sin tierra ni nación durante milenios, han pasado por todo tipo de males y vicisitudes, pero también han gozado de poder y de dinero, con hombres célebres en todos los campos de las artes y del conocimiento, y hoy en día, que por fin tienen algo de la tierra prometida, una nación y un estado con leyes y fronteras, punta de lanza de Occidente en pleno Medio Oriente, parece que también piensan que sus propios excesos y barbaridades son voluntad de su Señor, por lo que muchas veces no reflexionan ni se tientan el corazón al realizarlas, como también lo ha hecho (y lo sigue haciendo) el catolicismo, el cristianismo y el islam, mezclando intereses, religión y mitos, donde la supuesta voluntad de Dios es la culpable de todo, porque es la única voluntad que impera.

En las próximas páginas veremos más mitología que hechos actuales, leyendas y algo de contexto histórico, así como formas de comportamiento y tradiciones culturales que siguen funcionando de una forma muy parecida a hace tres mil años, aunque ya casi nadie lapida (asesinar a pedradas) a las mujeres adúlteras, ni tortura y mata a los judíos que trabajan los sábados.

Eso sí, la circuncisión sigue siendo obligada (aunque ya hay judíos que la evitan); sin embargo, tampoco es original ni exclusiva del pueblo judío, pues se practica en todo el mundo dependiendo de las necesidades clínicas y los casos, y se viene practicando en Medio Oriente y África, como entre los semitas y los egipcios, desde mucho antes de que los hebreos tuvieran la idea de juntarse como un solo pueblo en la tradición abrahámica.

Vamos a ello, deseando de corazón que disfruten de su lectura.

I
El origen

Todo se mantiene
al tiempo que se transforma,
por lo que nada
puede venir de la nada
ni destruirse del todo.
Empédocles

Más allá de la cosmovisión de la que nos habla la mitología judía en sus diferentes leyendas y textos más o menos sagrados, y que veremos más adelante, el pueblo judío proviene de las más diversas tribus de Medio Oriente y Norte de África, como los jebuseos, arameos, cananeos, árabes, persas, medos, partos, hititas, fariseos, edomitas, palestinos y muchas más tribus, a las que ellos mismos llaman semitas, hijas y descendientes de Sem, uno de los hijos de Noé, después del diluvio universal, pero que en el mundo real, y no mítico, la mayoría eran comerciantes, artesanos, obreros y labradores, o hibraim, es decir, hebreos, que era más una denominación de ocupación campesina, que el nombre de un pueblo más o menos unido.

Entre los hibraim había gente de todas partes de aquellas regiones, que se juntaban para unirse a las grandes potencias de entonces, como Egipto, que más que tomarlos como esclavos, los tomaba como trabajadores y a menudo los asimilaba al pueblo egipcio.

La famosa épica de Moisés de salvar al pueblo hebreo de la esclavitud en Egipto, carece de fuentes históricas que la corroboren, pues los esclavos de entonces eran más prisioneros de guerra que trabajadores del campo, y mucho menos obreros de la construcción, a los que se les pagaba un sueldo razonable dependiendo de su rango y de sus aptitudes, tanto para construir mastabas, o tumbas, que para construir pirámides.

De hecho, cuando se construyeron las tres grandes pirámides, los hibraim estaban muy lejos de convertirse en el pueblo hebreo, con patriarcas como Abraham, tampoco en israelitas, o pueblo elegido, y mucho menos en judíos.

La mitología no lo ve así, pero la realidad es terca y suele poner todo en su sitio. Por ejemplo, el patriarca Abraham pagó con talentos de plata un terreno que adquirió, es decir, en la época en que ya había dinero como base de intercambio financiero y comercial, el 700 antes de nuestra era, y no hace cinco mil años ni dos mil quinientos, cuando los hebreos ya llevaban algunos siglos caminando por la Cuenca Mediterránea y el Próximo Oriente.

Así que en la realidad histórica y propiamente dicha, todavía no se sabe exactamente cómo llegaron a unirse unas tribus con otras para formar lo que, unos mil años antes de nuestra era, empezó a llamarse pueblo hebreo, y trescientos años más tarde Israel, con lengua propia y una cultura incipiente con claras influencias libanesas (fenicias en aquel entonces en su alfabeto hebreo), persas, árabes y hasta griegas.

Tuvieron relación y enfrentamientos con muchas otras familias tribales de su entorno, pero no se sabe cómo llegaron a conformarse como pueblo propio, ni el nombre de los verdaderos patriarcas que así lo decidieron.

De los cananeos, por ejemplo, tan frecuentes en los relatos judíos, no se sabe apenas nada, ni su origen ni su posterior destino, y eso que fue un pueblo poderoso, rico e importante en su tiempo.

Los edomitas, los de los cabellos rojos, tan cercanos a las citas de la Torá y la creación del mundo israelita por Yahvé en persona, tampoco se sabe mucho, pero es obvio que existían desde antes de que aparecieran en escena Adán y Eva, o de que se fundara el Paraíso Terrenal que habitaban.

El reino de Edom estaba muy cerca de los lares de Adán y Eva, tanto, que Caín fue a dar ahí tras darle muerte a Abel, para convertirse en jerarca, casarse y tener abundante descendencia, y evitar así el posterior escándalo entre sus creyentes del incesto de su madre con sus hermanos para poblar el mundo entero, aunque hay personas que, siguiendo la mitología judía y no la historia, creen que Eva tuvo que parir hijos e hijas de sus propios hijos, y estos a su vez casarse entre ellos para que se formara Israel, o el pueblo elegido de Yahvé.

El problema de la sangre

Como otras naciones, pueblos y tribus, las relaciones endógenas, e incluso incestuosas que no eran ningún tabú en los inicios de las civilizaciones de Oriente Próximo, se premiaban, para que así sus descendientes fueran de la misma familia, o de la misma sangre cuando los médicos griegos descubrieron el complejo sanguíneo, hijos directos de sus padres, y nietos y biznietos de sus abuelos y de sus bisabuelos, y así por lo menos hasta ocho generaciones anteriores, aunque 144 era un número más deseado en las líneas de gestación y de herencia.

Los beduinos del desierto preferían casarse con beduinas, y los bereberes con mujeres bereberes, y muchos lo siguen prefiriendo, porque de esa forma se mantiene a los forasteros aparte y se conservan los patrimonios y la abundancia con los que se consigue el poder ante los propios y ante los ajenos.

Incluso los vascos, según uno de sus patriarcas, el señor Sabino Arana, para ser vasco de pura cepa y, además, ser un ciudadano aceptado en las vascongadas, y no ser considerado un intruso o un maqueto, se debe tener una larga ascendencia vasca, sangre O-RH negativo y ocho apellidos vascos, con una lengua única y original, a pesar de que se parezca al sueco, lo que siempre se niega. Solo el 4% de los españoles son O-RH negativo, y no todos nacieron vascos.

Obviamente, por las venas y los genes de los vascos corre simiente goda, astur, bretona y celta, por lo menos, así como por las venas de los judíos que consideran al resto de la humanidad *goyim*, corre la sangre y los genes de las diferentes simientes por donde han pasado.

Al igual que los gitanos, que también se creen un pueblo único y puro, los judíos de Francia son rubios de ojos claros, los de España son de pelo negro y ojos marrones, y los de Medio Oriente, claramente morunos y de ojos negros; o como los nazis, que en su loco afán por creerse superiores al resto de la humanidad, aceptaron como arios a turcos y otomanos, y a los japoneses, que no tenían el pelo rubio ni los ojos azules, pero que eran aliados de guerra.

La barbaridad no es que alguien le proponga a un grupo de personas su origen divino y la salvación simplemente por haber nacido dentro de ese grupo, la verdadera barbaridad es que esa gente se lo crea.

Los judíos eritreos y etíopes, descendientes de Moisés según las escrituras, están muy lejos del ideal de apariencia física de los judíos del actual Israel, tanto, que los judíos habitantes de Tel Aviv no quieren ni verlos, en una especie de racismo y clasismo interno, pues no logran entender y mucho menos aceptar, que fueron creados tan a la imagen y semejanza de Yahvé, como ellos.

Los judíos africanos, y algunos ya egipcios, tienen que luchar por ser aceptados por sus pares europeos y medio orientales, pues en ellos hay algo de sangre judía que viene del profeta Moisés, y seguramente de muchos de sus acompañantes en su loca y torpe travesía por los desiertos, valles y montañas de la África meridional, pero, apuntan algunos judíos blancos, esa sangre no viene directamente de madre, como estipulan las escrituras, sino de padre; a lo que los activistas a favor de los derechos judíos responden que las primeras hijas y descendientes de Moisés, y sus acompañantes, ya se encargaron de ello.

No hay un tipo de sangre único entre los judíos, aunque es muy raro el tipo A de los chinos y los japoneses, pero entre ellos, sus antecesores y sus descendientes, la variedad es la norma, como también sucede con los vascos y con los gitanos.

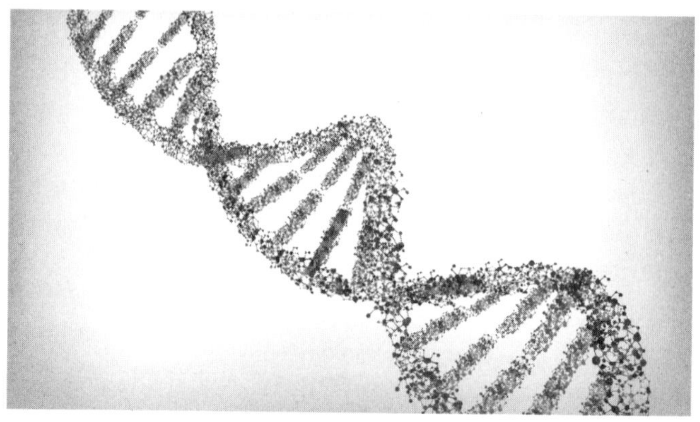

¿Existe un ADN judío?

Solo los pueblos que han pasado algunos miles de años aislados presentan dos o tres tipos de sangre diferente, y un ADN muy parecido, como los mongoles o los aborígenes australianos, así que buscar el origen del pueblo judío por su tipo de sangre o su exclusividad de ADN, es tiempo perdido aunque ya se ha intentado varias veces para ver si así se puede justificar, aunque sea en parte, el origen divino que los distinga del resto de la humanidad, si bien es cierto que se han detectado tendencias a ciertas enfermedades en comunidades sefardíes y askenazis, que si bien no son exclusivas de estos grupos ni afectan por igual a todos sus miembros, sí las suelen presentar con cierta frecuencia.

La mujer como canal de la sangre judía

Tanto los talibanes más radicales, como los judíos ortodoxos, aseguran que no maltratan a sus mujeres, seres sin alma, sino que las cuidan, las preservan castas y puras, y las encierran para que sean las reinas del hogar y no les falte nada, porque son materia divina y sagrada.

La madre judía transmite la divinidad, aunque no tuviese alma

La mujer judía puede tener o no tener alma, no importa, pero lo que sí debe tener es consciencia de que ella es la responsable de la transmisión divina del judaísmo, es decir, que solo es judío quien nace de madre judía.

Si el progenitor es judío, no importa, lo que importa es que la madre lo sea.

Por tanto, si una judía se casa con un gentil, o *goyim*, y tiene descendencia, sus hijas e hijos serán judíos por la gracia del Señor; pero si un judío se casa con una gentil y tiene descendencia con ella, sus hijos serán unos desgraciados gentiles que no tendrán jamás derecho a la Gloria del Altísimo.

La sangre judía es la que otorga la madre cada vez que da a luz, no la simiente del padre, a pesar de que la hayan regado por todo Oriente y Occidente.

La madre es el canal divino, y solo a través de ella el pueblo judío crecerá y se hará el dueño del mundo algún día, porque así se los ha prometido Jehová.

De esta manera, el pueblo judío es una nación, aunque durante milenios no han tenido tierra propia, ni la prometida ni la que ocupan actualmente gracias a Inglaterra y a la necesidad de Europa y de los Estados Unidos de Norteamérica de tener una punta de lanza económica, política y militar en Medio Oriente, para contener el avance del Islam y de los pueblos árabes.

La madre judía da esta nacionalidad, que se obtiene por el nacimiento más que por el tener una casa oficial y reglada en alguna parte del planeta.

La famosa sangre judía, que no es un tipo biológico de sangre, sino una cuestión de elección divina, con los privilegios que ello conlleva, dependen de la mujer judía y solo de ella, por lo que se calcula que muchos europeos y europeas la llevan en su cuerpo mortal sin saberlo, ya que alguna de sus abuelas fue judía o de ascendencia judía, lejana o cercana, pero judía, pues muchas abandonaban el gueto, por amor, por aburrimiento o por deseos de libertad, y se juntaban o casaban con gentiles de todo tipo, incluidos los gitanos.

En este sentido es muy posible que Hitler tuviera en sus venas sangre judía de la buena, es decir, de la que proviene de una mujer judía, lo mismo que Marx, Santa Teresa de Jesús, y miles de desconocidos y desconocidas.

Durante la segunda mitad del siglo XX, hubo muchas personas que reclamaron su nacionalidad israelita gracias a una abuela o una madre judía, cercana o lejana, pero judía; mientras que muchos judíos europeos y norteamericanos se alejaban de las sinagogas, de las fiestas y de las creencias judías, y hasta se cambiaban el apellido para no tener lazo alguno con los israelitas.

No faltaron los judíos conversos, sin pruebas de su linaje judío, pero con fe y hasta apellidos que parecían judíos, aunque no lo fueran vía materna o sanguínea; algunos queriendo rescatar la figura del padre judío como posible transmisor de la herencia divina; y sí, a alguno de ellos se les dio lugar en los kibutz para que hicieran méritos, aunque en realidad la ley es la ley y solo los nacidos de madre judía son verdaderos judíos bendecidos por el Señor, los otros, aunque aceptados en la comunidad, no lo son.

Sephora, la esposa de Moisés, aunque nubia, etíope o eritrea, aseguran algunos expertos en la Torá que sí era judía, descendiente casi directa de Abraham por parte de padre, y de madre cien por ciento judía, por lo que sus descendientes y los descendientes de sus hijas y sus nietas, por mucho que los rechacen en Israel por su pobreza o por su piel morena, son judíos con todas las de la ley; mientras que otros expertos ponen en duda que

Sephora, aunque esposa de Moisés, sea descendiente de alguna madre judía, por lo que es a todas luces una gentil africana que no puede transmitir la sangre divina de los judíos, por mucho que Moisés la haya preñado varias veces, pues el padre, lo dice la ley, no da la nacionalidad ni la sangre judía a sus descendientes, con lo que los judíos de Etiopía y Eritrea, así como los de Assam en la India y supuestos descendientes de Manases, quedan en entredicho para un amplio sector de las tribus restantes (de las cuales ya solo quedan dos, Levi y Judá), que se sienten bancas por fuera y por dentro, aunque en la Cuenca Mediterránea los judíos caucásicos están muy lejos de ser la mayoría.

No hay nada que distinga a un judío de un cananeo o de un arameo, y tampoco de un beduino o de un sirio más allá de la posible sangre materna que le da esa cualidad, por lo que cualquiera puede ser judío, lo sepa o no lo sepa, gracias a un gen maternal que le ha pasado desapercibido.

En suma, que no se sabe científicamente ni a ciencia cierta de dónde salieron los hebreos, primero; los israelitas, segundos; y los judíos, ya con una religión monoteísta y exclusivista so pena de muerte y maldición de Yahvé.

De cualquier manera, y como la mitología judía es la madre del judaísmo y de las religiones judeocristianas, como el catolicismo, el cristianismo y el islam, en todas sus vertientes y ramas, con el monoteísmo, o la existencia de un solo y verdadero ser divino, creador del universo y fundador de la humanidad, con una capacidad de cohesión social, fe y hasta fanatismo, sin precedentes en el mundo, donde el pueblo elegido de Yahvé es el único que cuenta para disfrutar de la salvación y elevarse al Cielo el día del Juicio Final, dejando al resto de los que se creen seres humanos, los gentiles o los *goyim*, fuera de tal privilegio, aunque, según esta misma mitología, es muy probable que usted tenga sangre judía sin saberlo, por lo que, llegado el momento de rendir cuentas al Creador, también podrá gozar de la redención prometida gracias a las gotas de sangre divina de alguna lejana ascendente materna del pueblo elegido de Yahvé.

Origen mítico

Aunque Abraham no era mujer, su esposa Sara sí, lo mismo que Agar, su amante y esclava, y con ambas tuvo hijos, a Isaac cuando Sara tenía 90 años; y a Ismael, cuando Agar estaba en la flor de la vida.

Por otra parte, en las generaciones que aparecen en sus textos sagrados, se habla de los patriarcas y sus herederos, pero rara vez se menciona a la mujer que les da la calidad de judíos, porque al parecer dan por hecho que los patriarcas solo se unieron y tuvieron descendencia con mujeres judías, muy devotas de Yahvé, que las premiaba con hijos y más hijos, como a Lea, la madre de Jacob y por ende de las doce tribus.

De una o de otra manera, al final se recurre al origen mítico, nada antiguo y muy centrado en este planeta, saltándose cualquier tipo de evolución que sí contemplan otras mitologías.

En la mitología judía todo se inicia hace unos cinco mil años con la creación del mundo entero y de Adán y

Eva, sin dinosaurios ni *homo sapiens* de por medio, con Abraham a la cabeza de los patriarcas como primera generación, para algunos, pero la décima contando desde Noé y sus tres hijos, que dieron lugar a todas las razas que conocían Yahvé y los hebreos, donde Abraham sería descendiente de Sem.

Seis generaciones más tarde vendría Moisés, salvador de los hebreos cautivos en Egipto, pero aún no del todo judíos, aunque ya apuntando a ser el pueblo elegido, pues desde Jacob, nieto de Abraham, ya había señalado a las doce tribus a partir de sus doce hijos, o trece y hasta catorce, según algunos estudiosos del tema:

- Rubén, el primogénito.
- Simeón, el segundo y favorito de su madre Lea.
- Leví, el tercer hijo y el más afortunado en cuanto a sacerdocios y jerarquía judía se refiere.
- Judá, el cuarto hijo y el más poderoso que conglomeró a todas las tribus del Sur cuando Israel se dividió en dos reinos.
- Dan, "el egipcio" y quinto hijo de Jacob, pero ya no de Lea, la primera esposa, ni de Raquel, la segunda, sino de la sirvienta de esta última, llamada Bilha.
- Neftalí, "el árabe", sexto hijo de Jacob y segundo de Bilha, mientras Lea y Raquel se peleaban entre ellas.
- Gad, el séptimo hijo de Jacob y primero de Zilpa, criada de Lea, que ahora disputaba con Bilha por los favores de Jacob.

- Aser, el octavo hijo de Jacob y segundo de Zilpa.

- Isacar, quinto hijo de Lea y noveno de Jacob, que expandió a Israel hacia el Sur.

- Zabulón, décimo hijo de Jacob y sexto de Lea, que había recuperado el favor de Jacob ante las otras mujeres del clan, y se enorgullecía de ello, mientras que Raquel parecía estéril y corría el riesgo de ser repudiada por ello.

– José, el undécimo hijo de Jacob y el primero de Raquel, que así se congraciaba con su esposo y lograba las preferencias para su hijo, tanto, que despertó la envidia de sus hermanos que lo vendieron como esclavo a Egipto, donde, gracias a sus dotes proféticas y de adivinación de los sueños, llegó a ser regente (*Chaty*) y a mandar sobre egipcios y hebreos. José no se vengó de sus hermanos, porque consideraba que su sucia traición al final lo había beneficiado, y los perdonó diciendo: "Fue la voluntad de Yahvé".

- Manasés, hijo de José y nieto de Jacob, cuya tribu llegó a ser amplia y abundante en recursos, pero que al final se fue disolviendo a asimilando a la tribu de Judá.

- Efraín, también hijo de José y nieto de Jacob no fue muy querido por sus tíos, y lo odiaron y envidiaron tanto como a José en su día, porque tenía una gran herencia y el apoyo de Egipto, con lo que su tribu ganó en territorio y riquezas, aunque no pudo contra los cananeos, que en aquel entonces ocupaban la famosa Tierra Prometida por Yahvé al pueblo de Israel, así que lo atacaron por varios flancos y lo señalaron como adorador de Baal, como pretexto para acabar con él y con su tribu.

– Benjamín, el duodécimo hijo de Jacob y el segundo de Raquel, cuya tribu llegó a ser la antesala del Reino de Israel unificado, con lo que sería la aparición más o menos histórica del judaísmo sobre el año mil antes de nuestra era, por más que la Torá y el Tanaj intentan situarlo sobre el cuatro mil para darle más solidez e importancia histórica.

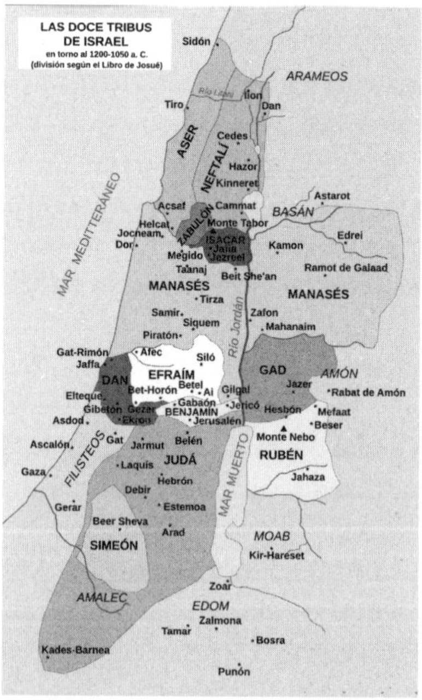

Distribución de las doce Tribus de Israel

La tribu de los efrainistas fue destruida por las otras doce tribus en fraternales guerras, y la de manases fue apartándose hasta dejar las doce más aceptadas y conocidas, y más astrológicas y mágicas, disputándose el privilegio de ser el canal de entrada a esta Tierra del Mesías gracias a los designios de Yahvé, tan esperado como anunciado por diversas profecías, como nunca llegado, al menos no hasta el día de hoy.

Jacob, padre de todas ellas, dejó de llamarse Jacob para autodenominarse a sí mismo Israel por el consejo de un ángel, y ser así el Elegido del Señor, dejando atrás a todos los jerarcas hebreos para establecer una nueva línea dinástica, aunque con el tiempo y para las otras dos grandes religiones judeocristianas, Abraham sería el verdadero fundador del judaísmo.

La Tierra Prometida

Sí, todo parece indicar que fue a Jacob a quien Yahvé le prometió que lo que hoy en día es la Cuenca Mediterránea del Próximo Oriente, sería el pueblo elegido por mandato divino para toda la eternidad, y que sus hijos, patriarcas de las doce tribus, podrían exterminar a jebuseos, edomitas, cananeos, filisteos y demás tribus y pueblos, a sangre, fuego y espada, sin que les temblara la mano, porque Él, Yahvé, así lo había decidido y les ayudaría a conseguirlo con su poder y sus armas celestiales, a las que nada ni nadie se podría resistir.

Todo infiel, es decir, todo el que no creyera en Yahvé como Señor y Creador, e incluso el que creyera y no acatara sus leyes y no le rindiera pleitesía, abominando de cualquier otra divinidad, o Dios, debería ser destruido sin dejar a ningún no creyente con vida, tanto si eran hombres, mujeres o niños, ni piedra sobre piedra de sus casas o ciudades.

Cuando apareció Moisés en escena, Israel lo había perdido casi todo, y volvían a ser hibraim, más que judíos y pueblo elegido, esclavizados por generaciones en Egipto y adoradores de dioses que ofendían a Yahvé, como Moloch, Baal y el famoso Becerro de Oro, por lo que debían ser reeducados y lanzados a recuperar o a conquistar la famosa Tierra Prometida, empezando por Jerusalén, por mucho que esa ciudad perteneciera de hecho y legalmente a otros pueblos, como los jebuseos.

Si la cronología histórica no concuerda con los relatos de la Tora, y mucho menos los datos, no importa, porque para eso existe la mítica mística de la mitología judía, como veremos en los próximos capítulos, donde las leyendas se mezclan a veces con hechos reales y las profecías se fuerzan a ser cumplidas sea como sea, que por algo Yahvé es el único que crea la realidad y los destinos.

Historia y mito

La verdadera historia conocida para el mundo del pueblo judío, tras la creación de los dos reinos de Israel, el del Norte y el del Sur, es cuando los somete Nínive, primero, y Babilonia, después, sobre el siglo VII antes de nuestra era, que es cuando se reunifican los reinos y empieza su trayectoria intentando quedarse con toda la Tierra Prometida, Canaán y sus alrededores, que Yahvé les había concedido para la eternidad, pero que nunca pudo cumplir del todo.

Tampoco pudieron imponer sus creencias, ni siquiera

entre sus mismos miembros, pero han logrado mantener su religión y su unidad como teocracia, afincados ahora en el Estado de Israel, pero sin dejar de soñar con la expansión de su territorio, porque al fin y al cabo se los prometió su Señor, algo que a los palestinos, jordanos, sirios y libaneses no les hace ninguna gracia, tanto porque no siguen la misma religión ni las sagradas profecías, y porque muchos de estos pueblos son tan viejos o incluso más antiguos que el pueblo judío, y no piensan renunciar a sus tierras.

La disputa no es nada nueva, tiene por lo menos tres mil años en su haber, y no parece que vaya a solucionarse en poco tiempo, con lo que se siguen alimentando viejas rencillas y nuevos mitos, donde la Tierra Prometida no está solo en la Cuenca Mediterránea del Próximo Oriente, sino en el planeta entero.

La actual guerra entre Israel y Palestina por una promesa divina incumplida

UNA MITOLOGÍA DISTINTA

Como veremos a lo largo del presente libro, la mitología judía es algo distinta a muchas otras mitologías, porque no tiene más que un solo Dios, Yahvé; algunos demonios, los tristemente célebres Ángeles Caídos; un Muro de las Lamentaciones, algo milagroso y casi un atentado contra el monoteísmo de Yahvé; solo un monstruo marino, el Leviatán; una sola enemiga, la mujer, tanto si es Lilith como si es Eva; y unos cuantos héroes y profetas.

Hay un Mesías esperado, pero nada definido, y hasta menospreciado por los judíos ortodoxos, pues dicen que no hace falta.

Un cielo de coros y ángeles con la dicha de la gracia eterna de Yahvé, que no emociona a muchos; un infierno difuso, porque el Día del Juicio Final se levantarán los muertos elegidos para pasar a la Gloria, y los no elegidos serán destruidos para siempre, sin purgatorio, limbo, infierno ni posibilidad de redención o salvación alguna.

Sin embargo, sus refranes, algunas bromas, su forma de hablar, la construcción social de las creencias y hasta las historietas, cuentos y frases hechas de la mitología judía están presentes en nuestro día a día, en nuestra organización social, política y económica, y hasta en nuestro vocabulario, gracias al cine, la televisión, las religiones judeocristianas, nuestra educación infantil y las ganas de creer de casi toda la sociedad, aunque hoy en día cada vez sean menos los que vayan a la sinagoga, a la mezquita o a la iglesia.

II
Cosmogonía

Ni una sola hoja
del árbol se mueve
si no es por la voluntad
del Señor,
¡alabado sea!

En las sociedades teocráticas, como la judía, lo que se adjudica a la palabra divina es incuestionable, por absurdo o inverosímil que parezca, debe creerse y seguirse al pie de la letra sin interpretación, juicio, crítica o análisis alguno, y tomarse como el dogma por los siglos de los siglos, amén.

En el islam sucede algo similar, aunque tiene varias corrientes revisionistas que al intentar modernizarse interpretan de manera algo distinta la posible palabra de Alá inscrita en el Corán.

El catolicismo fue peor que el islam y el judaísmo en este aspecto durante siglos, lo mismo que el cristianismo protestante (que aún conserva el dogmatismo férreo en diversas sectas, como los amish y los menonitas), donde la palabra sagrada, aunque diga que no hay un espacio sideral más allá de la cúpula del firmamento, se toma como cierta y verdadera. ¡Faltaría más!

Así el mito se convierte en realidad por rebuscado o ignorante que sea, y se vuelve tan potente y seductor, pues evita todo esfuerzo de análisis, estudio y pensamiento, que conquista a los seguidores. Los terraplanistas de la actualidad son una clara muestra de ello.

En la cosmovisión del pueblo judío existe una mítica que va más allá del origen de la humanidad y la creación del universo, pero que no está recogida en la Torá ni en otras sagradas escrituras, pero que algunos seguidores de la sociología de las religiones, como Max Weber, interpretan siguiendo el comportamiento del pueblo judío, laxo, a decir del mismo Weber, pues dejan todo en manos de sus dioses.

Sí, has leído bien, "de sus dioses", y no solo de Yahvé, que fue el último en llegar, como el Eleguá yoruba, pero el primero en quedarse.

La contemplación de un único dios comenzaría con Jacob y su estirpe, no antes, y costaría mucho tiempo y vidas instituirlo como tal, como se puede leer en el Éxodo, con un Moisés atribulado para sacar del alma de sus salvados las figuras de otras divinidades que no fueran Yahvé.

Treinta mil muertos entre sus seguidores fue una de las formas de convencer al pueblo elegido de que debían creer en Yahvé y solo en Yahvé.

ANTES DEL GÉNESIS

Antes del Génesis o primer libro de la Torá, existe el mito de un mundo angelical donde habitan los ángeles y los dioses, un mundo que se disputaban los jerarcas celestiales, cada uno con sus huestes angelicales.

Ni el universo, ni algunos ángeles ni el mundo y mucho menos los humanos habían sido creados; es más, algunos seres incluso no provenían de creación alguna, como el mismo Yahvé, sino que eran y existían desde siempre, como Annu, Enlil, Ali (o los Elohim), Ahura y similares, señores de los cielos muy anteriores al mundo y a la humanidad, con sus propios logros, conflictos y batallas.

Incluso el arcángel Miguel forma parte de los no creados, pues "es como Yahvé", tal y como su nombre lo indica.

En este concierto de situaciones divinas, celestiales y angelicales, en cierto momento a los dioses les dio por crear el cielo, las estrellas y el planeta Tierra, con los seres que lo habitan, desarrollando cada divinidad su propio estilo.

Zeus los tuvo como animales durante mucho tiempo; Annu los tuvo como esclavos sin consciencia de sí mismos ni voluntad propia; Tonacatecutli hizo varios intentos, hasta cinco, para quedar medianamente satisfecho.

Yahvé construyó primero un Paraíso Terrenal, donde todas las criaturas terrestres eran hermanas y no tenían necesidad de devorarse unas a otras, y en ese Paraíso se dio a la labor de crear su propio humano, Adán, y a su lado una compañera, Lilith.

Adán fue creado a la imagen y semejanza física de Yahvé, varón, caucásico y atlético, aunque con un alma y un cerebro sin desarrollar.

Yahvé estaba tan contento y satisfecho con su prodigio, que lo presumió a todas sus huestes angelicales, y no solo eso, sino que les hizo jurar que cuidarían de él y lo venerarían tanto como a su propio Señor, pues Adán era su hijo.

Nada dijo de respetar, proteger y auxiliar a Lilith, pues a era la que lo había seducido.

La inmensa mayoría de las huestes angelicales al mando de Yahvé se inclinaron ante Adán y le juraron lealtad, protección y respeto, aunque Satanás dudó, Lucifer se rebeló y Miguel no quedó nada contento de quedar en un peldaño inferior a ese ser, el hombre, ignorante, débil, torpe, falible y mortal, por más que Yahvé lo ordenara o así lo quisiera. A los ojos de Yahvé el hombre que había creado del fango y con sus propias manos, era lo más importante de todos los universos, más que la humanidad creada por otros dioses o por la naturaleza, y dolorosamente más que sus propias tropas angelicales. Pero así era, así fue y así tenía que ser.

Lilith le salió rebelde y escapó del Paraíso, refugiándose en Jerusalén o en Jericó, para huir de la ira de Yahvé, que prefirió repudiarla y dejarla huir, mientras sacaba del costado de Adán a su próxima creación y nueva compañera de Adán, a la buena y sumisa Eva, quien al final, a pesar de su mansedumbre, salió peor que Lilith, desobedeció a Yahvé, sedujo a Adán, y condenó al trabajo y a la mortalidad al pueblo elegido, como si fuera cualquier otro grupo de animales o *goyim*, creados por otros dioses o por la naturaleza.

El pueblo elegido, el que desciende directamente de Adán y Eva, es el verdadero pueblo de Yahvé, ninguno más.

¡Que nadie se llame a engaño! Solo los descendientes directos de Adán y Eva son considerados hijos de Yahvé (y no de Dios, porque "dios" es una palabra griega que nada tiene que ver con Él).

Hay quien dice que los hijos de Lilith también son hijos de Yahvé, a pesar de que suelen estar relacionados con las peores lacras de toda sociedad.

Adán y Eva fueron malditos de Yahvé, pero sin dejar de ser sus creaciones divinas, por lo que los seguiría cuidando siempre pasara lo que pasara; pero Lilith se salvó de dichas maldiciones, como trabajar, ganar el pan con el sudor de la frente, menstruar cada mes y parir con peligro y con dolor, y sobre todo, de morir, porque en ningún momento Yahvé la privó del privilegio de la inmortalidad, por lo que la famosa, terrible, adorable y temida Lilith debe andar por ahí deambulando por medio mundo sin temor a la pobreza, a la maternidad, a la enfermedad o a la muerte.

Antes de crear este universo, las estrellas, los planetas, el mundo y a sus propios seres humanos, Yahvé ya existía y habitaba en los cielos más lejanos y profundos, hasta que se le ocurrió este invento, como nos relata el **Génesis** de la Torá, el Pentateuco hebreo:

1. En el principio creó Yahvé los cielos y la tierra.

2. La tierra era caos y confusión y oscuridad por encima del abismo, y un viento de Yahvé aleteaba por encima de las aguas.

Para los amantes de la ufología el aletear de Yahvé era en realidad una nave interestelar, y la Tierra un caos que había que arreglar con tecnología extraterrestre.

3. Dijo Yahvé: "Haya luz", y hubo luz.

4. Vio Yahvé que la luz estaba bien, y apartó Yahvé la luz de la oscuridad;

5. y llamó Yahvé a la luz "día" y a la oscuridad la llamó "noche". Y atardeció y amaneció: día primero.

6. Dijo Yahvé: "Haya un firmamento por en medio de las aguas, que las aparte unas de otras".

Lo mismo hicieron Annu, el dios sumerio, e Izanagui, el dios japonés, suponiendo que había agua tanto en los cielos como en la Tierra, y que había que separarlos.

7. E hizo Yahvé el firmamento; y apartó las aguas de por debajo del firmamento de las aguas de por encima del firmamento. Y así fue.

8. Y llamó Yahvé al firmamento "cielos". Y atardeció y amaneció: día segundo.

9. Dijo Yahvé: "Acumúlense las aguas de por debajo del firmamento en un solo conjunto, y déjese ver lo seco"; y así fue.

Cuando Izanami, la diosa madre japonesa, parió las siete islas, hizo el mismo sortilegio divino para que hubiera tierra firme donde aposentarse.

10. Y llamó Yahvé a lo seco "tierra", y al conjunto de las aguas lo llamó "mares"; y vio Yahvé que estaba bien.

11. Dijo Yahvé: "Produzca la tierra vegetación: hierbas que den semillas y árboles frutales que den fruto, de su especie, con su semilla dentro, sobre la tierra". Y así fue.

12. La tierra produjo vegetación: hierbas que dan semilla, por sus especies, y árboles que dan fruto con la semilla dentro, por sus especies; y vio Yahvé que estaban bien.

13. Y atardeció y amaneció: día tercero.

14. Dijo Yahvé: "Haya luceros en el firmamento celeste, para apartar el día de la noche, y valgan de señales para solemnidades, días y años";

En la sexta o séptima generación se prohibió la astrología, pero en un principio a Yahvé le pareció que estaba bien.

15. "y valgan de luceros en el firmamento celeste para alumbrar sobre la tierra". Y así fue.

16. Hizo Yahvé los dos luceros mayores; el lucero grande para el dominio del día, y el lucero pequeño para el dominio de la noche, y las estrellas;

La creación de las dos luminarias, el sol y la luna, también es una constante en las más diversas mitologías, como en la azteca, donde el sol tuvo problemas para ser creado, por lo ardiente que era, hasta que Tonatiuh aceptó el reto.

17. y les puso Yahvé en el firmamento celeste para alumbrar sobre la tierra,

18. y para dominar en el día y en la noche, y para apartar la luz de la oscuridad; y vio Yahvé que estaba bien.

19. Y atardeció y amaneció: día cuarto.

20. Dijo Yahvé: "Bullan las aguas de animales vivientes, y aves revoloteen sobre la tierra contra el firmamento celeste".

21. Y creó Yahvé los grandes monstruos marinos y todo animal viviente, los que serpean, de los que bullen las aguas por sus especies, y todas las aves aladas por sus especies; y vio Yahvé que estaba bien;

22. y los bendijo Yahvé diciendo: "Sed fecundos y multiplicaos, y henchid las aguas en los mares, y las aves crezcan en la tierra".

23. Y atardeció y amaneció: día quinto.

24. Dijo Yahvé: "Produzca la tierra animales vivientes de cada especie: bestias, sierpes y alimañas terrestres de cada especie". Y así fue.

La creación y aceptación de las serpientes y alimañas, sin maldecirlas ni satanizarlas, nos habla de un Yahvé casi naturalista y hasta ecológico, lo que sí es una novedad con respecto a otras mitologías.

25. Hizo Yahvé las alimañas terrestres de cada especie, y las bestias de cada especie, y toda sierpe del suelo de cada especie; y vio Yahvé que estaba bien.

26. Y dijo Yahvé: "Hagamos al ser humano a nuestra imagen, como semejanza nuestra, y manden en los peces del mar y en las aves de los cielos, y en las bestias y en todas las alimañas terrestres, y en todas las sierpes que serpean por la tierra".

27. Creó, pues, Yahvé al ser humano a imagen suya, a imagen de Yahvé lo creó, macho y hembra los creó.

En este versículo nacen dos preguntas: ¿de qué color es la piel de dios y cuál es su aspecto racial? ¿Quién era esa hembra? Algunos suponen que Yahvé era de aspecto caucásico, es decir, blanco y de ojos claros; otros señalan que debía ser moreno, de ojos negros y cabello rizado, como los beduinos y arameos; y no faltan los que lo piensan tornasolado con todos los aspectos y colores de piel posibles en el concierto humano.

Por lo que respecta a la primera hembra, la mayoría apunta a Lilith, insistiendo en que su nombre fue borrado intencionalmente de la Torá para que no usurpara el nombre de Eva, que aunque era la segunda esposa de Adán debía considerarse como la primera.

28. Y los bendijo Yahvé, y les dijo: "Sed fecundos y multiplicaos y henchid la tierra y sometedla; mandad en los peces del mar y en las aves de los cielos y en todo animal que serpea sobre la tierra".

Si el destino de la pareja humana era mandar sobre todo lo que había en la Tierra, dicen algunos, matarlos, comerlos o simplemente divertirse con ellos, no es nada malo ni pecado alguno, sino palabra sagrada del Señor.

29. Dijo Yahvé: "Ved que os he dado toda hierba de semilla que existe sobre la haz de toda la tierra, así como todo árbol que lleva fruto de semilla; para vosotros será de alimento.

30. Y a todo animal terrestre, y a toda ave de los cielos y a toda sierpe de sobre la tierra, animada de vida, toda la hierba verde les doy de alimento". Y así fue.

Los animales de la creación

31. Vio Yahvé cuanto había hecho, y todo estaba muy bien. Y atardeció y amaneció: día sexto.

GÉNESIS 2, CONTINÚA LA CREACIÓN

1. Se concluyeron los cielos y la tierra y todo su aparato,

2. y dio por concluida, Yahvé, en el séptimo día, la labor que había hecho, y cesó en el día séptimo de toda la labor que hiciera.

El sábado era ese séptimo y sagrado día, y no el domingo, por mucho que el domingo sea el día del Señor y que se pervirtió en el catolicismo. Por tanto, desde el principio los sábados son días de guardar y descansar, y de no hacer absolutamente nada.

3. Y bendijo Yahvé el día séptimo y lo santificó; porque en él cesó Yahvé de toda la obra creadora que Yahvé había hecho.

4. Esos fueron los orígenes de los cielos y la tierra, cuando fueron creados. El día en que hizo Adonai Yahvé la tierra y los cielos,

5. no había aún en la tierra arbusto alguno del campo, y ninguna hierba del campo había germinado todavía, pues Adonai Yahvé no había hecho llover sobre la tierra, ni había hombre que labrara el suelo.

6. Pero un manantial brotaba de la tierra, y regaba toda la superficie del suelo.

7. Entonces Adonai Yahvé formó al hombre con polvo del suelo, e insufló en sus narices aliento de vida, y resultó el hombre un ser viviente.

En este punto algunos estudiosos consideran un *flash back* literario, y no una reconstrucción de la creación, donde la primera pareja humana hecha a su imagen y semejanza ya estaba y no era necesario hacer de nuevo a Adán.

8. Luego plantó Adonai Yahvé un jardín en Edén, al oriente, donde colocó al hombre que había formado.

El Jardín del Edén, o Paraíso Terrenal, debió ser la Media Luna Fértil del Cercano Oriente, y aunque no se ha encontrado el lugar específico, no falta quien señale al Río Jordán al lado de las tierras de Edom; o quizá no era más que un oasis de tantos que aparecen y desaparecen en los desiertos de la península arábiga.

9. Adonai Yahvé hizo brotar del suelo toda clase de árboles deleitosos a la vista y buenos para comer, y en medio del jardín, el árbol de la vida y el árbol de la ciencia del bien y del mal.

10. De Edén salía un río que regaba el jardín, y desde allí se repartía en cuatro brazos.

11. El uno se llama Pisón: es el que rodea todo el país de Javilá, donde hay oro.

12. El oro de aquel país es fino. Allí se encuentra el bedelio y el ónice.

13. El segundo río se llama Guijón: es el que rodea el país de Kus.

14. El tercer río se llama Tigris: es el que corre al oriente de Asur. Y el cuarto río es el Éufrates.

Como se puede observar, la Torá no niega la existencia de otros pueblos y países en la época que Yahvé creó al hombre y al Jardín del Edén, sino que además los recrea, en la inteligencia de que esos pueblos no son "su pueblo elegido", y que Adán es suyo, creación propia, elegido y privilegiado, a diferencia de esos otros hombres que poblaban la Tierra, que ni eran suyos ni contaban con su protección.

15. Tomó, pues, Adonai Yahvé al hombre y le dejó en al jardín de Edén, para que lo labrase y cuidase.

16. Y Yahvé impuso al hombre este mandamiento: "De cualquier árbol del jardín puedes comer,

17. mas del árbol de la ciencia del bien y del mal no comerás, porque el día que comieres de él, morirás sin remedio".
18. Dijo luego Adonai Yahvé: "No es bueno que el hombre esté solo. Voy a hacerle una ayuda adecuada".

19. Y Adonai Yahvé formó del suelo todos los animales

del campo y todas las aves del cielo y los llevó ante el hombre para ver cómo los llamaba, y para que cada ser viviente tuviese el nombre que el hombre le diera.

Lo curioso es que los nombres de esos animales ya existían tanto en Egipto, como en Medio Oriente y en buena parte de la India y de Europa, por lo que Adán, un bebé adulto, solo tuvo que aprendérselos, más que inventarlos, para decírselos a su creador, posiblemente en arameo.

20. El hombre puso nombres a todos los ganados, a las aves del cielo y a todos los animales del campo, mas para el hombre no encontró una ayuda adecuada.

Eva saliendo del costado de Adán

21. Entonces Adonai Yahvé hizo caer un profundo sueño sobre el hombre, el cual se durmió. Y le quitó una de las costillas, rellenando el vacío con carne.

Aquí es donde algunos creen ver las técnicas y tecnologías de la ingeniería genética, algunas de las cuales los seres humanos ya aplicaban con los esquejes de la agricultura y con la cruza semental del ganado, para clonar a Adán de su propio costado y conseguir una hembra ya madura, que le hiciera compañía. En este sentido, ni Adán ni Eva tuvieron infancia, tampoco figura materna, solo la lejana figura patriarcal de Yahvé, lo que Freud consideraría un trauma negativo para su desarrollo como personas responsables y adultas.

22. De la costilla que Adonai Yahvé había tomado del hombre formó una mujer y la llevó ante el hombre.

23. Entonces este exclamó: "Esta vez sí que es hueso de mis huesos y carne de mi carne. Esta será llamada mujer, porque del varón ha sido tomada".

A las feministas judías, que las hay, no les gusta nada este versículo de la Torá, ya que señala la inferioridad y dependencia de la mujer con respecto al hombre desde un principio, y las deja como un simple trozo de carne y hueso del macho, al que deben servir y obedecer, como cualquier otro animal de la casa. Seres sin alma.

24. Por eso, deja el hombre a su padre y a su madre y se une a su mujer, y se hacen una sola carne.

Adán y Eva, aún no tenían nombre propio, sino cualidades, él el hombre, ella la primera creada a partir del hombre, y sin padres ni madres a los cuales abandonar para formar una familia propia.

Por otra parte, este versículo peca de ser demasiado moderno en lo que a relaciones de pareja se refiere, pues en aquel entonces, y como se puede ver en la historia de Abraham, los patriarcas tenían varias mujeres a su disposición, y sus hijos e hijas no siempre formaban su propia tribu o grupo familiar, pues lo más usual era que la tribu patriarcal los absorbiera, virilocal si era la tribu del hombre que adoptaba a la hembra, o uterilocal, si era la tribu de la esposa la que adoptaba al marido, con lo que parejas independientes que renunciaran a una u otra tribu, había muy pocas.

Adán y Eva desnudos en el Edén

25. Estaban ambos desnudos, el hombre y su mujer, pero no se avergonzaban uno del otro.

El pudor en base a la vestimenta, también es un hecho “moderno”, y de una moral bastante pacata, hipócrita y endeble, a decir de algunos antropólogos, como Marvin Harris. Hoy en día existen grupos tribales que van prácticamente desnudos sin avergonzarse de ello, y sin que la desnudez sea un factor de promiscuidad sexual desbocado.

GÉNESIS 3, LA TENTACIÓN

1. La serpiente era el más astuto de todos los animales del campo que Adonai Yahvé había hecho. Y dijo a la mujer: “¿Cómo es que Yahvé os ha dicho: No comáis de ninguno de los árboles del jardín?”.

2. Respondió la mujer a la serpiente: “Podemos comer del fruto de los árboles del jardín.

3. Mas del fruto del árbol que está en medio del jardín, ha dicho Yahvé: No comáis de él, ni lo toquéis, so pena de muerte”.

4. Replicó la serpiente a la mujer: “De ninguna manera moriréis.

5. Es que Yahvé sabe muy bien que el día en que comiereis de él, se os abrirán los ojos y seréis como dioses, conocedores del bien y del mal”.

6. Y como viese la mujer que el árbol era bueno para comer, apetecible a la vista y excelente para lograr sabiduría, tomó de su fruto y comió, y dio también a su marido, que igualmente comió.

Eva tentando a Adán

7. Entonces se les abrieron a entrambos los ojos, y se dieron cuenta de que estaban desnudos; y cosiendo hojas de higuera se hicieron unos ceñidores.

Curiosamente, la moral y el pudor no nacen del conocimiento, sino de la ignorancia, por lo que quizá habría que rebautizar al árbol como "el del desconocimiento", donde el verdadero mal estaba en desobedecer al Creador, algo que el buen Yahvé ya habría previsto con toda seguridad, y que utilizó como trampa y pretexto para deshacerse de sus creados, que ya le pesaban, según Voltaire.

8. Oyeron luego el ruido de los pasos de Adonai Yahvé

que se paseaba por el jardín a la hora de la brisa, y el hombre y su mujer se ocultaron de la vista de Adonai Yahvé por entre los árboles del jardín.

9. Adonai Yahvé llamó al hombre y le dijo: "¿Dónde estás?"

10. Este contestó: "Te oí andar por el jardín y tuve miedo, porque estoy desnudo; por eso me escondí".

11. Él replicó: "¿Quién te ha hecho ver que estabas desnudo? ¿Has comido acaso del árbol del que te prohibí comer?".

12. Dijo el hombre: "La mujer que me diste por compañera me dio del árbol y comí".

13. Dijo, pues, Adonai Yahvé a la mujer: "¿Por qué lo has hecho?". Y contestó la mujer: "La serpiente me sedujo, y comí".

14. Entonces Adonai Yahvé dijo a la serpiente: "Por haber hecho esto, maldita seas entre todas las bestias y entre todos los animales del campo. Sobre tu vientre caminarás, y polvo comerás todos los días de tu vida".

Por supuesto, hay serpientes que viven felices y tranquilas en su hábitat, sin comer polvo, sino lo que astutamente cazan, hábiles y con capacidad de erguir buena parte de su cuerpo, aunque la metáfora solo pretende evidenciar el poder punitivo de Yahvé.

15. "Enemistad pondré entre ti y la mujer, y entre tu linaje y su linaje: él te pisará la cabeza mientras acechas tú su calcañar".

Mis amigos judíos hacen varios chistes y bromas de este versículo, y aseguran que debido a esta maldición es imposible ser feliz con una mujer, y mucho menos satisfacerla en ningún sentido: "Dios con su gran poder me castigó a su manera, dándome por compañera a una insaciable mujer".

16. A la mujer le dijo: "Tantas haré tus fatigas cuantos sean tus embarazos: con dolor parirás los hijos. Hacia tu marido irá tu apetencia, y él te dominará".

Teniendo en cuenta que la mujer es uno de los pocos animales de este planeta que menstrúan (solo tres o cuatro en todo el orbe), y que el embarazo puede ser molesto, enfermizo y hasta con peligro de muerte, la maldición, más que cierta, responde a un mal diseño de la Naturaleza, aunque la verdad, dice mi amigo Omar, judío ortodoxo, la Naturaleza no es sabia, pero se equivoca menos que Yahvé.

17. Al hombre le dijo: "Por haber escuchado la voz de tu mujer y comido del árbol del que yo te había prohibido comer, maldito sea el suelo por tu causa: con fatiga sacarás de él el alimento todos los días de tu vida".

Con excepción de los que se dedican al sacerdocio o la

política, entre otras profesiones y actividades lucrativas de poco esfuerzo, como el escribir.

18. "Espinas y abrojos te producirá, y comerás la hierba del campo.

19 Con el sudor de tu rostro comerás el pan, hasta que vuelvas al suelo, pues de él fuiste tomado. Porque eres polvo y al polvo tornarás".

20. El hombre llamó a su mujer "Eva", por ser ella la madre de todos los vivientes.

21. Adonai Yahvé hizo para el hombre y su mujer túnicas de piel y los vistió.

Este versículo, nos contaba Pepe Zaga, judío elita y heredero de una fábrica de camisas, es el punto de partida de la industria textil, porque a Yahvé no le gusta vernos desnudos, y se le agradece.

22. Y dijo Adonai Yahvé: "¡He aquí que el hombre ha venido a ser como uno de nosotros, en cuanto a conocer el bien y el mal! Ahora, pues, cuidado, no alargue su mano y tome también del árbol de la vida y comiendo de él viva para siempre".

23. Y le echó Adonai Yahvé del jardín de Edén, para que labrase el suelo de donde había sido tomado.

Expulsados del paraíso

Por suerte, para ese entonces los pueblos vecinos al jardín del Edén ya eran diestros en agricultura y pastoreo, por lo que Adán, que aún no tenía nombre no tuvo demasiados problemas con la siembra y la recolección.

Algunos le llaman Adam Kadmon, o Qadmon, el Hombre Original de la Cábala, mientras que Adán a secas, simplemente significa el hombre, con lo que todos los hombres del pueblo elegido son unos adanes.

24. Y habiendo expulsado al hombre, puso delante del jardín del Edén querubines, y la llama de espada vibrante, para guardar el camino del árbol de la vida.

En la Torá no se menciona al arcángel san Miguel como el guardia que echa a la pareja del Edén blandiendo su espada de fuego, sino a algunos querubines con la flamígera arma.

Así nació, saliendo al mundo, la humanidad creada por Yahvé, nunca la otra humanidad que ya habitaba el vecindario del jardín del Edén.

Esa es su cosmogonía, el inicio de todo para ellos, los judíos, no para el resto de las personas que habitan este planeta.

Tanto la mitología judía como la Torá son muy claras al respecto, y no tienen nada que esconder: lo judío es para los judíos y para nadie más.

El resto de los seres humanos no son hijos ni creación de Yahvé, por más que las religiones judeocristianas lo quieran maquillar, ya sea por la familia de Ismael, en el Islam, o por la invención romana de Cristo y el catolicismo, con las que se pretende universalizar a Yahvé y hacerlo padre y creador de la humanidad entera.

Yahvé es uno, y los hijos creados por él también son los únicos que pueden gozar de Él, nadie más.

Se pueden adoptar sus creencias, reformarlas, reconvertirlas y hasta acceder a ellas vía la conversión, pero si no se es judío de verdad e hijo de padres, pero sobre todo de madre, judíos, nunca se gozará de la gracia del Señor. Así está escrito.

LO QUE HAY Y LO QUE NO HAY

En la mitología judía no hay:

Hadas.

Gnomos.

Enanos.

Elfos.

Monstruos más allá del Leviatán o la ballena que engulló a Jonás.

Tampoco hay más brujas que Lilith.

Ni titanes o antiguos dioses que le disputen el trono de los cielos a Yahvé, con la única excepción de Lucifer, al que en realidad se le menciona y se le teme muy poco, al menos entre los judíos que personalmente conozco.

Pero si hay gigantes, los Nefilim, hijos de las mujeres terrestres y los ardientes ángeles del Cielo.

También hay algunos héroes, como Judith que mata a Holofernes; David que mata a Goliath, solo para caer en el pecado del adulterio con Betzabé; Moisés que muere antes de entrar a Jerusalén; Lot que desafía a Sodoma; Noé que construye una barca; y José que llega a ser Rashid o Regente de Egipto.

Judith degüella al enemigo de Israel, Holofernes

No faltan los profetas como Enoch que sube sin morir al Cielo, aunque no le publicaran su libro; Ezequiel y sus platos voladores; Isaías y su profecía del Mesías que nunca se dio; Daniel, menos famoso; o Esdras, un profeta menor que compiló sobre los siglos VII o V antes de nuestra era lo que hoy conocemos como Torá, Tanaj y Biblia católica, si bien es cierto que todos estos escritos fueron revisados de nuevo en el siglo II de la era romana, quitando y poniendo no lo que les interesaba o no les interesaba en ese momento.

La Tierra es plana, con montes, horizontes y valles, pero plana, no se sabe si cuadrada o circular, pero plana y centro del universo entero, preferida de Yahvé y única en todo el cosmos, elegida para la existencia de la vida y de los hombres, pero que se acaba en sus bordes para caer al vacío negro, frío y eterno.

El Cielo divino no es exactamente la bóveda o firmamento que cubre a la Tierra, pues está más allá, pero se asciende por él para ver ahí el tránsito de ángeles.

Los ángeles y arcángeles de todas las categorías están a la orden de Yahvé, incluso los desterrados y los caídos, como Satanás, porque absolutamente todo está regido por su sacrosanta y sabia voluntad.

Nadie le hace sombra a Yahvé ni para bien ni para mal, porque Él decide sobre la vida y la muerte, la buena y la mala suerte, y el destino de su pueblo y de todas las cosas que hay en el universo.

El Noveno Cielo es su hogar, y ahí todo es gloria y coros celestiales a dónde van los elegidos.

El infierno, Gehena, o Gai Ben Hinnom en hebreo, es un lugar de reeducación más que un lugar de castigo o tortura, donde la mayoría de los condenados está solo un año, para pasar luego a la espera del Día del Juicio Final en el Purgatorio, para seguir depurándose, solo algunos se quedan en el infierno eternamente, y sólo para ser destruidos en el juicio final, pues no tienen redención posible.

Hay Cielo, pero no un verdadero Infierno aunque la vida terrestre a veces lo sea

El Cielo puede ser también el Jardín del Edén, donde no hay hambre, ni sueño, ni dolor, ni enfermedad, ni calor ni frío, donde van generalmente los probos, aunque es posible que tampoco se libren del Día del Juicio Final.

La muerte no es agradable para nadie, pues se pasa por Sheol, la oscuridad y el miedo, donde se suelen sufrir terrores inenarrables, pero que es solo un paso para ascender al Cielo o descender al Infierno, un infierno que no es tan terrible como Sheol, aunque tampoco es agradable estar ahí dentro.

Muchos judíos ni siquiera creen en el infierno, porque bastante tienen con el castigo infernal de pasar la experiencia de vivir como perseguidos en esta Tierra, por lo que para ellos Sheol puede ser incluso un alivio comparado con las miserias humanas.

El mundo, a pesar de todo, es suyo aunque esté ocupado por gentiles y razas extrañas, que han escapado al linaje de los hijos de Jacob que poblaron el planeta tras el Diluvio Universal.

No hay reencarnación, aunque puede haber resurrección y hasta transmigración de las almas al estilo griego, sobre todo en el Día del Juicio Final, en donde todos y cada uno de los miles de millones de muertos de origen judío se levantaran de sus tumbas o resurgirán de sus cenizas para enfrentar su destino final de salvación o condenación y destrucción eternas.

Todo aquello que no se mencione o no esté apegado a las sagradas escrituras y, por tanto, a la divina e infalible palabra de Adonai Yahvé, es folclore, falso, mentira, invento o incluso mala intención para desviar a las almas de su ascenso espiritual.

Solo los judíos pueden aspirar al Reino de los Cielos, nadie más, ni siquiera Ruth que se convirtió al judaísmo por méritos propios y traición a sus dioses y a su patria.

Y solo son judíos de pleno derecho los descendientes más o menos directos de Adán y Eva, como lo señalan las genealogías que aparecen en la Torá y en el Tanaj, y entre ellos exclusivamente los nacidos de madre judía, y nadie más.

Toda superstición, magia, adivinación, profecía, ciencia, pensamiento libre, ideas distintas, leyes diferentes que no sancionen lo mismo y cualquier otra creencia mística o religiosa, están absolutamente prohibidas, a menos que Yahvé las permita, las inspire o las apoye personalmente, como la magia que hicieron Aarón y Moisés delante del Faraón y para castigar al pueblo de Egipto, o los mismos textos sagrados.

Nada de ángeles, sabios, magos, profetas o adivinos, sólo Yahvé y sus designios.

¡Muerte a los ídolos y a los falsos profetas!, clama Yahvé desde el Cielo. Aunque sí hay una que otra superstición tolerada, como el famoso Muro de las Lamentaciones, la misma ciudad sagrada de Jerusalén, los Altos del Gólgota, la Estrella de David, el candelabro de los siete brazos, la famosa Menorá, y otros más que son muy propios, y hasta secretos y misteriosos, de la gente judía, que alejan el mal y la pobreza (como una X roja pintada en la puerta), y atraen la buena suerte, o son propicios para un buen matrimonio, la fertilidad y un buen parto, aunque recurrir a ellos ofenda a Yahvé, a menos que Él lo permita, lo haya inspirado o sugerido.

La circuncisión también tiene algo de mítico y mágico, además de funcional, porque la circuncisión judía es un ritual religioso que se realiza a los varones judíos en el octavo día de su vida. La circuncisión simboliza el pacto entre Yahvé, Abraham y su descendencia, y así reconocerlos como Israel, o Pueblo Elegido, y también una mágica mejora en la fertilidad y virilidad masculina, además de evitar infecciones en el prepucio, tanto como el no comer cerdo evita la triquinosis.

La Sagrada Menorá

Esta es la cosmovisión en la que se sustenta el grueso de la mitología judía, el resto son cuentos para niños o falsedades mal intencionadas sobre el sagrado y elegido pueblo judío, aunque a menudo no se sabe exactamente quién es y quién no es judío de hecho o de pleno derecho.

Los nombres propios de miles de millones de personas son de origen judío, ¿pero esto los hace judíos de hecho o de pleno derecho? Parece que no.

Los apellidos de miles de millones de personas son de origen judío, tanto en su versión española (Pérez, por ejemplo) o latina por la influencia sefardí, como las versiones alemana o inglesa, e incluso italiana, por la influencia askenazi; y sí, hay algunas personas que reclaman el derecho a ser judíos por su apellido (al igual que han renegado de este durante las persecuciones y los exilios), y han conseguido ser aceptados como parte del pueblo elegido, por lo que tú podrías ser, o no ser, uno de ellos y gozar de la gracia infinita de Yahvé, Enlil o Alí.

III
La Torá, el Tanaj y el Talmud

No hay peor desdicha
que perder a un hermano,
pues habrá que esperar
hasta el Día del Juicio
para recuperarlo.
Maimónides

Todo, absolutamente todo, está en los cinco libros sagrados de la Torá, el mito, la realidad y la historia, porque es la Palabra de Yahvé dictada a Moisés, el primero de sus profetas.

A este respecto, mi estimado amigo Omar, judío ortodoxo, de breve estatura, amplia cintura y pensamientos grandiosos, me dijo un día:

No hay más mitología judía que la Torá. Todo el judaísmo está en la Torá, no hay más, ni en el Talmud ni en el Tanaj ni en ningún otro texto.

En el Génesis está sellada la historia y el destino míticos del pueblo judío. En el resto de la Torá está su camino intermedio, sus leyes, su forma de ser y su comportamiento, pecaminoso siempre y nunca contento.

Ahí vienen las leyes que hay que seguir, quizá algo de historia novelada, lo que se debe hacer y lo que no se debe hacer para llevar una vida satisfecha, más que simplemente feliz, pero hay que estudiar, y mucho, para comprenderla de verdad y seguir sus sabias enseñanzas.

La Torá y nada más, de la cual el sabio Maimónides encontró clave y esperanza, que algunos judíos ortodoxos seguimos, aunque bien sabemos que a nada estamos obligados ni obedecemos a nadie, pues no hay poder central que nos gobierne ni rabino que nos mande aunque sea nuestro guía y maestro, por eso cada quién interpreta la Torá como es capaz de entenderla, y si no entiende más, es normal que así la interprete.

La *halajá*, es la ley, pero hay que entenderla para aplicarla, y hay que aplicarla para entenderla, así como que hay que entenderla para interpretarla, como interpretarla para entenderla.

Por eso, a menudo no estamos de acuerdo ni con nosotros mismos, y mucho menos con el resto de judíos que hay en el mundo; desaprobamos los gobiernos y las jerarquías, las guerras y las injusticias, e intentamos tener el suficiente valor y disciplina para cumplir con la *halajá*, como con inteligencia y solvencia racional, superando incluso las creencias mitológicas y religiosas, respetando siempre más la esencia que la conveniencia.

No hay ni bien ni mal, porque tanto lo que llamamos bien y lo que llamamos mal provienen de la misma fuente, solo que se usan y se aplican de diferentes maneras y desde diversos entendimientos, y que por ello requieren de un sistema, de unas reglas y de unas leyes que intentamos seguir al pie de la letra, a sabiendas que todo está en la Torá, desde el descenso del monte Sinaí hasta nuestros días, donde el hombre ortodoxo del judaísmo puede hacer y estudiar lo que quiera, reír y llorar, ganar o perder, amar o desamar, siempre y cuando no falte a lo más elemental de sus propias leyes.

No hay límites para el judío ortodoxo mientras no falte a sus leyes

LA TORÁ

La Torá, o Pentateuco, son los primeros libros sagrados del judaísmo que se han extendido a la Biblia católica y al Corán islámico con algunos cambios que no desvirtúan del todo su contenido:

GÉNESIS: trata de la creación del mundo; la modelación divina de Adán y Eva; la caída y expulsión del Paraíso de Adán y Eva; el diluvio universal tras la entrada del pecado en el mundo; el patriarca Abraham, fundador a través de su hijo Jacob, y sus nietos, de la Casa de Israel; y de la primera alianza entre Yahvé y su pueblo, las 12 tribus, para garantizar su supervivencia sobre la Tierra, entre otras muchas cosas, siendo la base de la cosmogonía de la mitología judía.

Símbolo de la alianza de las 12 tribus

ÉXODO: trata de la huida del pueblo hebreo para librarse de las cadenas de la esclavitud, o dependencia, a la que los tenía sometido Egipto, con Moisés (salvado de las aguas y autor virtual del Pentateuco) como personaje principal, quien es especialmente querido por Yahvé, que le designa su destino y le entrega las Tablas de la Ley en el Monte Sinaí para formar la segunda alianza de supervivencia a su pueblo elegido, con tintes de magia, a veces innecesaria o de plano torpe, como la conversión de báculos en serpientes; el envío de las siete plagas cuando el faraón ya había ordenado la liberación y salida de los hebreos de Egipto; el cruce por el Mar Rojo abriendo sus aguas, cuando podían llegar a lo que ahora es Gaza caminando por la delta del Nilo; o su deambular de cuarenta años por el desierto y por las tierras de lo que hoy es Etiopía, para llegar finalmente al otro lado y ponerse ante el río Jordán, y así invadir la ciudad de Jerusalén a fuego, sangre y espada, para tomar posesión de una tierra prometida que le pertenecía legal y justamente a otros pueblos, como el Jebuseo, con la sorpresa final de que a Moisés se le niega el acceso al espectáculo sangrientamente divino, y todo porque ofendió a Yahvé al darle agua a su pueblo haciendo magia con su famoso báculo, sin haberle pedido permiso al Señor. En este libro vienen, además de los diez mandamientos, por lo menos 152 leyes, como guardar el sábado, comer kosher y no mezclar ni siembras ni hilos, y que los judíos en general casi no acatan, mientras que los judíos ortodoxos se queman las pestañas para interpretarlas y seguirlas, y los judíos ultraortodoxos, grandes joyeros de Ámsterdam y Nueva York, aseguran seguir al pie de la letra sin interpretación alguna.

LEVÍTICO: trata sobre todo de la tribu elegida entre los elegidos, la de Levi, de donde emanan los sacerdotes, los rabinos, los jueces y lo más granado del judaísmo, que no deben tener tara alguna, ni física ni mental ni anímica, para poder así guiar al pueblo de Israel hacia su sagrado destino, guiados a su vez por las enseñanzas de este libro en lo formal y externo (ofrendas, holocaustos, celebraciones, días sagrados, sacrificios y hasta uso de ropaje y modelado del templo, sinagoga o tabernáculo), pero no en su sentido más mágico, esotérico o divino, guardando en secreto los misterios de su ministerio.

Moisés y las leyes de la Torá

NÚMEROS: es uno de los primeros libros de estadística y censo, sobre todo en lo que al pueblo judío se refiere, y aunque algunos lo consideran algo sesgado con respecto a la densidad demográfica de la época en que supuestamente fue escrito, brinda una información relevante de autopercepción en el periodo del Éxodo, incluso en lo que respecta a la fe, sus creencias y disidencias, así como a la necesidad de un autoritarismo por parte de Moisés y de su hermano, a veces brutal, para lograr la unificación de pensamientos en torno a la figura de Yahvé. El populismo, en forma de maná celestial, fue una de las fórmulas para dicha unión, que repitieron tanto los romanos con su "pan y circo", o Stalin y la fábula de la gallina, que "por más que se le desplume se le apacigua con unos granos de trigo".

DEUTERONOMIO, o Segunda Ley: es el final del éxodo, con las últimas palabras de Moisés tras sus cuarenta años de errar por el desierto o la Península del Sinaí, justo a las puertas de Canaán, con Jerusalén a la vista y a punto de cruzar el Jordán, todo esto con el fondo de la muerte de Moisés, injusta para muchos, y Josué asumiendo el mando de la turba hebrea que está a punto de masacrar a quien se le ponga por delante y no acepte ni crea que esa tierra está prometida por un dios que nadie conoce, algo todavía más injusto, pero que enardecía, y todavía enardece, los ánimos de los judíos, y hasta de los musulmanes y los católicos, pero no de los pobres amorreos que se encontraron en su camino a la Tierra Prometida:

DEUTERONOMIO, LA TOMA DE CANAÁN

1. Estas son las palabras que dijo Moisés a todo Israel al otro lado del Jordán en el desierto, en la Arabá, frente a Suf, entre Parán y Tófel, Labán, Jaserot y Di Zahab.

2. Once son las jornadas desde el Horeb, por el camino del monte Seir, hasta Cadés Barnea.

3. El año cuarenta, el día uno del undécimo mes, habló Moisés a los israelitas exponiendo todo cuanto Adonai había mandado respecto a ellos.

4. Después de batir a Sijón, rey de los amorreos, que moraba en Jesbón, y a Og, rey de Basán, que moraba en Astarot y en Edreí,

5. al otro lado del Jordán, en el país de Moab, decidió Moisés promulgar esta Ley. Dijo:

6. Adonai, nuestro Yahvé, nos habló así en el Horeb: "Ya habéis estado bastante tiempo en esta montaña.

7. ¡En marcha!, partid y entrad en la montaña de los amorreos, y donde todos sus vecinos de la Arabá, la Montaña, la Tierra Baja, el Néguev y la costa del mar; en la tierra de Canaán y el Líbano, hasta el río grande, el río Éufrates.

8. Mirad: Yo he puesto esa tierra ante vosotros; id a tomar posesión de la tierra que Adonai juró dar a vuestros padres Abraham, Isaac y Jacob, y a su descendencia después de ellos".

9. Yo os hablé entonces y os dije: "No puedo cargar con todos vosotros yo solo.

10 Adonai, vuestro Yahvé, os ha multiplicado y sois ahora tan numerosos como las estrellas del cielo.

11. Adonai, el Yahvé de vuestros padres, os aumente mil veces más todavía y os bendiga como os ha prometido.

12. Pero ¿cómo voy a poder yo solo llevar vuestro peso, vuestra carga y vuestros litigios?

13. Escoged entre vosotros hombres sabios, perspicaces y experimentados, de cada una de vuestras tribus, y yo los pondré a vuestra cabeza".

14. Me respondisteis: "Está bien lo que propones hacer".

15. Yo tomé, entre los jefes de vuestras tribus, hombres sabios y experimentados, y los hice jefes vuestros: jefes de millar, de cien, de cincuenta y de diez, así como escribas para vuestras tribus.

16. Y di entonces esta orden a vuestros jueces: "Escucharéis lo que haya entre vuestros hermanos y administraréis justicia entre un hombre y su hermano o un forastero.

17. No haréis en juicio acepción de personas, escucharéis al pequeño lo mismo que al grande, no tendréis miedo al hombre, pues la sentencia es de Yahvé. El asunto que os resulte demasiado difícil, me lo remitiréis a mí, y yo lo oiré".

18. Yo os prescribí entonces todo lo que tenías que hacer.

19. Partimos del Horeb y fuimos por ese enorme y temible desierto que habéis visto, camino de la montaña de los amorreos, como Adonai nuestro Yahvé nos había mandado, y llegamos a Cades Barnea.

20. Yo os dije: "Ya habéis llegado a la montaña de los amorreos que Adonai nuestro Yahvé nos da.

21. Mira: Adonai tu Yahvé ha puesto ante ti este país. Sube a tomar posesión de él como te ha dicho Adonai el Yahvé de tus padres; no tengas miedo ni te asustes".

22. Pero todos vosotros os acercasteis a decirme: "Enviemos delante de nosotros hombres para que exploren el país y nos den noticias sobre el camino por donde hemos de subir y sobre las ciudades en que podemos entrar".

23. Me pareció bien la propuesta y tomé de entre vosotros doce hombres, uno por tribu.

24. Partieron y subieron a la montaña; llegaron hasta el valle de Eskol y lo exploraron.

25. Tomaron en su mano frutos del país, nos los trajeron, y nos informaron: Buena tierra es la que Adonai nuestro Yahvé nos da.

26. Pero vosotros os negasteis a subir; os rebelasteis contra la orden de Adonai vuestro Yahvé,

27. y os pusisteis a murmurar en vuestras tiendas: "Por el odio que nos tiene nos ha sacado Adonai de Egipto, para entregarnos en manos de los amorreos y destruirnos.

28. ¿Adónde vamos a subir? Nuestros hermanos nos han descorazonado al decir: Es un pueblo más grande y corpulento que nosotros, las ciudades son grandes y sus murallas llegan hasta el cielo. Y hasta anaquitas hemos visto allí".

29. Yo os dije: "No os asustéis, no tengáis miedo de ellos.

30. Adonai vuestro Yahvé, que marcha a vuestro frente, combatirá por vosotros, como visteis que lo hizo en Egipto,

31. y en el desierto, donde has visto que Adonai tu Yahvé te llevaba como un hombre lleva a su hijo, a todo lo largo del camino que habéis recorrido hasta llegar a este lugar".

32. Pero ni aun así confiasteis en Adonai vuestro Yahvé,

33. que era el que os precedía en el camino y os buscaba lugar donde acampar, con el fuego durante la noche para alumbrar el camino que debíais seguir, y con la nube durante el día.

34. Adonai oyó encolerizado vuestras palabras y juró así:

35. "Ni un solo hombre de esta generación perversa verá la tierra buena que yo juré dar a vuestros padres,

36. excepto Caleb, hijo de Yefunné: él la verá, y yo le daré a él y a sus hijos la tierra que ha pisado, porque siguió cabalmente a Adonai".

37. Por culpa vuestra Adonai se irritó también contra mí y me dijo: "Tampoco tú entrarás allí.

38. Será tu ayudante Josué, hijo de Nun, el que entrará. Fortalécele, ya que él dará a Israel posesión de la tierra.

39. Pero vuestros pequeños, de los que dijisteis que iban a servir de botín, vuestros hijos que no conocen todavía el bien y el mal, sí entrarán allá, a ellos se la daré yo, y ellos la poseerán.

40. Y vosotros ahora, volveos y partid hacia el desierto por el camino del mar de Suf".

41. Vosotros me respondisteis: "Hemos pecado contra Adonai nuestro Yahvé. Subiremos y combatiremos como Adonai nuestro Yahvé nos ha mandado". Ceñísteis cada uno vuestras armas y creísteis fácil subir a la montaña.

42. Pero Adonai me dijo: "Diles: No subáis a combatir

porque no estoy yo en medio de vosotros, y así seréis derrotados por vuestros enemigos".

43. Yo os hablé, pero vosotros no me escuchasteis; fuisteis rebeldes a la orden de Adonai y tuvisteis la osadía de subir a la montaña.

44. Los amorreos, habitantes de aquella montaña, salieron a vuestro encuentro, os persiguieron como lo hubieran hecho las abejas, y os derrotaron en Seír hasta Jormá.

45. A vuestro regreso llorasteis ante Adonai, pero Adonai no escuchó vuestra voz ni os prestó oídos.

46. Por eso tuvisteis que permanecer en Cadés todo ese largo tiempo que habéis estado allí.

DEUTERONOMIO 2, CAMINO DEL ASEDIO

1. Luego nos volvimos y partimos hacia el desierto, por el camino del mar de Suf, como Adonai me había mandado. Durante muchos días anduvimos rodeando la montaña de Seír.

2. Adonai me habló y me dijo:

3. "Ya habéis dado bastantes rodeos a esta montaña; dirigíos hacia el norte.

4. Y da al pueblo esta orden: Vais a pasar por el territorio de vuestros hermanos, los hijos de Esaú, que habitan en Seír. Ellos os temen; pero vosotros tened mucho cuidado;

5. no los ataquéis, porque yo no os daré nada de su país, ni siquiera la medida de la planta del pie, ya que el monte Seír se lo he dado en posesión a Esaú.

6. La comida que comáis se la compraréis por dinero, y por dinero les compraréis también el agua que bebáis.

7. Pues Adonai tu Yahvé te ha bendecido en todas tu obras: ha protegido tu marcha por este gran desierto, y hace ya cuarenta años que Adonai tu Yahvé está contigo sin que te haya faltado nada".

8. Pasamos, pues, al lado de nuestros hermanos, los hijos de Esaú que habitan en Seír, por el camino de la Arabá, de Elat y de Esyón Guéber; después cambiando de rumbo, tomamos el camino del desierto de Moab.

9. Adonai me dijo: "No ataques a Moab, no le provoques al combate, pues yo no te daré nada de su país, ya que Ar se la he dado en posesión a los hijos de Lot.

10. (Antiguamente habitaban allí los emitas, pueblo grande, numeroso y corpulento como los anaquitas.

11. Tanto a ellos como a los anaquitas se los tenía por refaítas, pero los moabitas los llamaban emitas.

12. Igualmente en Seír habitaron antiguamente los joritas, pero los hijos de Esaú los desalojaron, los exterminaron y se establecieron en su lugar, como ha hecho Israel con la tierra de su posesión, la que Adonai les dio).

13 Y ahora, levantaos y pasad el torrente Zéred". Y pasamos el torrente Zéred.

14. El tiempo que estuvimos caminando desde Cadés Barnea hasta que pasamos el torrente Zéred fue de 38 años; por lo que había desaparecido ya del campamento toda la generación de hombres de guerra, como Adonai les había jurado.

15. La misma mano de Adonai había caído sobre ellos para extirparlos de en medio del campamento hasta hacerlos desaparecer.

16. Cuando la muerte había hecho desaparecer a todos los hombres de guerra en medio del pueblo,

17. Adonai me habló y me dijo:

18. "Vas a pasar hoy la frontera de Moab, por Ar,

19. y vas a encontrarte con los hijos de Ammón. No los ataques ni les provoques; pues yo no te daré nada del país de los hijos de Ammón, ya que se lo he entregado a los hijos de Lot en posesión.

20. (También este era considerado país de refaítas; los refaítas habitaron aquí antiguamente; y los amonitas los llamaban zanzumitas,

21. pueblo grande, numeroso y corpulento como los anaquitas; Adonai los exterminó ante los amonitas, que los desalojaron y se establecieron en su lugar;

22. así había hecho también en favor de los hijos de Esaú, que habitaban en Seír, exterminando delante de ellos a los joritas; aquellos los desalojaron y se establecieron en su lugar hasta el día de hoy.

23. Y también a los avitas, que habitan en los campos hasta Gaza; los kaftoritas, venidos de Kaftor, los exterminaron y se establecieron en su lugar).

24. Levantaos, partid y pasad el torrente Arnón. Mira, yo pongo en tus manos a Sijón, el amorreo, rey de Jesbón, y todo su país. Comienza la conquista; provócale al combate.

25. Desde hoy comienzo a infundir terror y miedo de ti entre todos los pueblos que hay debajo del cielo: al tener noticia de tu llegada temblarán todos y se estremecerán".

26. Del desierto de Quedemot envié mensajeros a Sijón, rey de Jesbón, con estas palabras de paz:

27. "Voy a pasar por tu país; seguiré el camino sin desviarme a derecha ni a izquierda.

28. La comida que coma véndemela por dinero, el agua que beba dámela por dinero; solo deseo pasar a pie,

29. como me han dejado los hijos de Esaú que habitan en Seír y los moabitas que habitan en Ar, hasta cruzar el Jordán para ir hacia la tierra que nos da Adonai nuestro Yahvé".

30. Pero Sijón, rey de Jesbón, no quiso dejarnos pasar por allí porque Adonai tu Yahvé le había empedernido el espíritu y endurecido el corazón, a fin de entregarle en tus manos, como lo está todavía hoy.

31. Adonai me dijo: "Mira, he comenzado a entregarte a Sijón y su país; empieza la conquista, apodérate de su territorio".

32. Sijón salió a nuestro encuentro con todo su pueblo, y nos presentó batalla en Yahás.

33. Adonai nuestro Yahvé nos lo entregó y le derrotamos a él, a sus hijos y a todo su pueblo.

34. Nos apoderamos entonces de todas sus ciudades y consagramos al anatema toda ciudad: hombres, mujeres y niños, sin dejar superviviente.

35. Tan solo guardamos como botín el ganado y los despojos de las ciudades tomadas.

36. Desde Aroer, al borde del valle del Arnón, y la ciudad que está en el valle, hasta Galaad, no hubo ciudad inaccesible para nosotros; Adonai nuestro Yahvé nos las entregó todas.

37. Únicamente respetaste el país de los amonitas, toda la ribera del torrente Yabboq y las ciudades de la montaña, todo lo que Adonai nuestro Yahvé había prohibido.

Tomar lo que no es tuyo con violencia, engaño y de mala manera, no es delito ni pecado si Yahvé te ampara, y si respetas lo que Él te ha mandado.

DEUTERONOMIO 4, ANIMANDO A LA TROPA

1. Y ahora, Israel, escucha los preceptos y las normas que yo os enseño para que las pongáis en práctica, a fin de que viváis y entréis a tomar posesión de la tierra que os da Adonai, Yahvé de vuestros padres.

2. No añadiréis nada a lo que yo os mando, ni quitaréis nada; para así guardar los mandamientos de Adonai vuestro Yahvé que yo os prescribo.

3. Vuestros propios ojos han visto lo que hizo Adonai con Baal Peor: a todos los que habían seguido a Baal Peor, Adonai tu Yahvé los exterminó de en medio de ti;

4. en cambio vosotros, que habéis seguido unidos a Adonai vuestro Yahvé, estáis hoy todos vivos.

5. Mira, como Adonai mi Yahvé me ha mandado, yo os enseño preceptos y normas para que los pongáis en práctica en la tierra en la que vais a entrar para tomarla en posesión.

6. Guardadlos y practicadlos, porque ellos son vuestra sabiduría y vuestra inteligencia a los ojos de los pueblos que, cuando tengan noticia de todos estos preceptos, dirán: "Cierto que esta gran nación es un pueblo sabio e inteligente".

7. Y, en efecto, ¿hay alguna nación tan grande que tenga los dioses tan cerca como lo está Adonai nuestro Yahvé siempre que le invocamos?

8. Y ¿cuál es la gran nación cuyos preceptos y normas sean tan justos como toda esta Ley que yo os expongo hoy?

9. Pero ten cuidado y guárdate bien, no vayas o olvidarte de estas cosas que tus ojos han visto, ni dejes que se aparten de tu corazón en todos los días de tu vida; enséñaselas, por el contrario, a tus hijos y a los hijos de tus hijos.

10. El día que estabas en el Horeb en presencia de Adonai tu Yahvé, cuando Adonai me dijo: "Reúneme al pueblo para que yo les haga oír mis palabras a fin de que aprendan a tenerme mientras vivan en el suelo y se las enseñen a sus hijos",

11. vosotros os acercasteis y permanecisteis al pie de la montaña, mientras la montaña ardía en llamas hasta el mismo cielo, entre tinieblas de nube y densa niebla.

12. Adonai os habló de en medio del fuego; vosotros oíais rumor de palabras, pero no percibíais figura alguna, sino solo una voz.

13. Él os reveló su alianza, que os mandó poner en práctica, las diez Palabras que escribió en dos tablas de piedra.

14. Y a mí me mandó entonces Adonai que os enseñase los preceptos y normas que vosotros deberíais poner en práctica en la tierra en la que vais a entrar para tomarla en posesión.

15. Tened mucho cuidado de vosotros mismos: puesto que no visteis figura alguna el día en que Adonai os habló en el Horeb de en medio del fuego,

16. no vayáis a pervertiros y os hagáis alguna escultura de cualquier representación que sea: figura masculina o femenina,

17. figura de alguna de las bestias de la tierra, figura de alguna de las aves que vuelan por el cielo,

18. figura de alguno de los reptiles que serpean por el suelo, figura de alguno de los peces que hay en las aguas debajo de la tierra.

19. Cuando levantes tus ojos al cielo, cuando veas el sol, la luna, las estrellas y todo el ejército de los cielos, no vayas a dejarte seducir y te postres ante ellos para darles culto. Eso se lo ha repartido Adonai tu Yahvé a todos los pueblos que hay debajo del cielo,

20. pero a vosotros os tomó Adonai y os sacó del horno de hierro, de Egipto, para que fueseis el pueblo de su heredad, como lo sois hoy.

21. Por culpa vuestra Adonai se irritó contra mí y juró que yo no pasaría el Jordán ni entraría en la tierra buena que Adonai tu Yahvé te da en herencia.

22. Yo voy a morir en este país y no pasaré el Jordán. Vosotros en cambio lo pasaréis y poseeréis esa tierra buena.

23. Guardaos, pues, de olvidar la alianza que Adonai vuestro Yahvé ha concluido con vosotros, y de haceros alguna escultura o representación de todo lo que Adonai tu Yahvé te ha prohibido;

24. porque Adonai tu Yahvé es un fuego devorador, un Yahvé celoso.

25. Cuando hayas engendrado hijos y nietos y hayáis envejecido en el país, si os pervertís y hacéis alguna escultura de cualquier representación, si hacéis lo malo a los ojos de Adonai tu Yahvé hasta irritarle,

26. pongo hoy por testigos contra vosotros al cielo y a la tierra que desapareceréis rápidamente de esa tierra que vais a tomar en posesión al pasar el Jordán. No prolongaréis en ella vuestros días, porque seréis completamente destruidos.

27. Adonai os dispersará entre los pueblos y no quedaréis más que unos pocos, en medio de las naciones adonde Adonai os lleve.

28. Allí serviréis a dioses hechos por manos de hombre, de madera y piedra, que ni ven ni oyen, ni comen ni huelen.

29. Desde allí buscarás a Adonai tu Yahvé; y le encontrarás si le buscas con todo tu corazón y con toda tu alma.

30. Cuando estés angustiado y te alcancen todas estas palabras, al fin de los tiempos, te volverás a Adonai tu Yahvé y escucharás su voz;

31. porque Adonai tu Yahvé es un Yahvé misericordioso: no te abandonará ni te destruirá, y no se olvidará de la alianza que con juramento concluyó con tus padres.

32. Pregunta, pregunta a los tiempos antiguos, que te han precedido desde el día en que Yahvé creó al hombre sobre la tierra: ¿Hubo jamás desde un extremo a otro del cielo palabra tan grande como esta? ¿Se oyó semejante?

33. ¿Hay algún pueblo que haya oído como tú has oído la voz del Yahvé vivo hablando de en medio del fuego, y haya sobrevivido?

34. ¿Algún dios intentó jamás venir a buscarse una nación de en medio de otra nación por medio de pruebas, señales, prodigios y guerra, con mano fuerte y tenso brazo, por grandes terrores, como todo lo que Adonai vuestro Yahvé hizo con vosotros, a vuestros mismos ojos, en Egipto?

35. A ti se te ha dado a ver todo esto, para que sepas que Adonai es el verdadero Yahvé y que no hay otro fuera de él.

36. Desde el cielo te ha hecho oír su voz para instruirte, y en la tierra te ha mostrado su gran fuego, y de en medio del fuego has oído sus palabras.

37. Porque amó a tus padres y eligió a su descendencia después de ellos, te sacó de Egipto personalmente con su gran fuerza,

38. desalojó ante ti naciones más numerosas y fuertes que tú, te introdujo en su tierra y te la dio en herencia, como la tienes hoy.

39. Reconoce, pues, hoy y medita en tu corazón que Adonai es el único Yahvé allá arriba en el cielo, y aquí abajo en la tierra; no hay otro.

40. Guarda los preceptos y los mandamientos que yo te prescribo hoy, para que seas feliz, tú y tus hijos después de ti, y prolongues tus días en el suelo que Adonai tu Yahvé te da para siempre.

41. Moisés reservó entonces tres ciudades allende el Jordán, al oriente,

42. a las que pudiera huir el homicida que hubiera matado a su prójimo sin querer, sin haberle odiado anteriormente, y huyendo a una de estas ciudades, salvara su vida.

43. Eran estas, para los rubenitas, Béser, en el desierto, en la Altiplanicie; para los gaditas, Ramot en Galaad; para los manasitas, Golán en Basán.

44. Esta es la ley que expuso Moisés a los israelitas.

45. Estos son los estatutos, preceptos y normas que dictó Moisés a los israelitas a su salida de Egipto,

No le hicieron mucho caso a pesar de haberlos "salvado", pues el deambular con hambre por el desierto da malas ideas, por lo que tuvo que matar solo a unos 35 mil, y así ayudarlos a convencerse de la bondad de las leyes de Adonai.

46. al otro lado del Jordán, en el valle próximo a Bet Peor, en el país de Sijón, rey de los amorreos, que habitaba en Jesbón, aquel a quien Moisés y los israelitas habían batido a su salida de Egipto,

47. y cuyo país habían conquistado, así como el país de Og, rey de Basán, —los dos reyes amorreos del lado oriental del Jordán,

48. desde Aroer, que está situada al borde del valle del Arnón, hasta el monte Siryón (esto es, el Hermón)—

49. con toda la Arabá del lado oriental del Jordán, hasta el mar de la Arabá, al pie de las laderas del Pisgá.

DEUTERONOMIO 8, ÚLTIMAS AMENAZAS

1. Todos los mandamientos que yo os prescribo hoy, cuidad de practicarlos, para que viváis, os multipliquéis y lleguéis a tomar posesión de la tierra que Adonai prometió bajo juramento a vuestros padres.

2. Acuérdate de todo el camino que Adonai tu Yahvé te ha hecho andar durante estos cuarenta años en el desierto para humillarte, probarte y conocer lo que había en tu corazón: si ibas o no a guardar sus mandamientos.

3. Te humilló, te hizo pasar hambre, te dio a comer el maná que ni tú ni tus padres habíais conocido, para mostrarte que no solo de pan vive el hombre, sino que el hombre vive de todo lo que sale de la boca de Adonai.

4. No se gastó el vestido que llevabas ni se hincharon tus pies a lo largo de esos cuarenta años.

5. Date cuenta, pues, de que Adonai tu Yahvé te corregía como un hombre corrige a su hijo,

6. y guarda los mandamientos de Adonai tu Yahvé siguiendo sus caminos y temiéndole.

El temor, a decir de Maquiavelo, es mejor arma de contención ante el pueblo que el amor o el respeto.

7. Pues Adonai tu Yahvé te conduce a una tierra buena, tierra de torrentes, de fuentes y hontanares que manan en los valles y en las montañas,

8. tierra de trigo y de cebada, de viñas, higueras y granados, tierra de olivares, de aceite y de miel,

9. tierra donde el pan que comas no te será racionado y donde no carecerás de nada; tierra donde las piedras tienen hierro y de cuyas montañas extraerás el bronce.

10. Comerás hasta hartarte, y bendecirás a Adonai tu Yahvé en esa tierra buena que te ha dado.

11. Guárdate de olvidar a Adonai tu Yahvé descuidando los mandamientos, normas y preceptos que yo te prescribo hoy;

12. no sea que cuando comas y quedes harto, cuando construyas hermosas casas y vivas en ellas,

13. cuando se multipliquen tus vacadas y tus ovejas, cuando tengas plata y oro en abundancia y se acrecienten todos tus bienes,

14. tu corazón se engría y olvides a Adonai tu Yahvé que te sacó del país de Egipto, de la casa de servidumbre;

15. que te ha conducido a través de ese desierto grande y terrible entre serpientes abrasadoras y escorpiones: que en un lugar de sed, sin agua, hizo brotar para ti agua de la roca más dura;

16. que te alimentó en el desierto con el maná, que no habían conocido tus padres, a fin de humillarte y ponerte a prueba para después hacerte feliz.

17. No digas en tu corazón: "Mi propia fuerza y el poder de mi mano me han creado esta prosperidad",

18. sino acuérdate de Adonai tu Yahvé, que es el que te da la fuerza para crear la prosperidad, cumpliendo así la alianza que bajo juramento prometió a tus padres, como lo hace hoy.

19. Pero si llegas a olvidarte de Adonai tu Yahvé, si sigues a otros dioses, si les das culto y te postras ante ellos, yo certifico hoy contra vosotros que pereceréis.

20. Lo mismo que las naciones que Adonai va destruyendo a vuestro paso, así pereceréis también vosotros por haber desoído la voz de Adonai vuestro Yahvé.

DEUTERONOMIO 13, CONDICIONES, PREMIOS Y CASTIGOS

1. Todo esto que yo os mando, cuidaréis de ponerlo por obra, sin añadir ni quitar nada.

2. Si surge en medio de ti un profeta o vidente en sueños, que te propone una señal o un prodigio,

3. y llega a realizarse la señal o el prodigio que te ha anunciado, y te dice: "Vamos en pos de otros dioses (que tú no conoces) a servirles",

4. no escucharás las palabras de ese profeta o de ese vidente en sueños. Es que Adonai vuestro Yahvé os pone a prueba para saber si verdaderamente amáis a Adonai vuestro Yahvé con todo vuestro corazón y con toda vuestra alma.

5. A Adonai vuestro Yahvé seguiréis y a él temeréis, guardaréis sus mandamientos y escucharéis su voz, a él serviréis y viviréis unidos a él.

6. Ese profeta o vidente en sueños deberá morir por haber predicado la rebelión contra Adonai tu Yahvé —que te sacó del país de Egipto y te rescató de la casa de servidumbre— para apartarte del camino que Adonai tu Yahvé te ha mandado seguir. Así harás desaparecer el mal de en medio de ti.

7. Si tu hermano, hijo de tu padre o hijo de tu madre, tu hijo o tu hija, la esposa que reposa en tu seno o el amigo que es tu otro yo, trata de seducirte en secreto diciéndote: "Vamos a servir a otros dioses", desconocidos de ti y de tus padres,

8. de entre los dioses de los pueblos próximos o lejanos que os rodean de un extremo a otro de la tierra,

9. no accederás ni le escucharás, tu ojo no tendrá piedad de él, no le perdonarás ni le encubrirás,

10. sino que le harás morir; tu mano caerá la primera sobre él para darle muerte, y después la mano de todo el pueblo.

11. Le apedrearás hasta que muera, porque trató de apartarte de Adonai tu Yahvé, el que te sacó del país de Egipto, de la casa de servidumbre.

12. Y todo Israel, cuando lo sepa, tendrá miedo y dejará de cometer este mal en medio de ti.

13. Si oyes decir que en una de las ciudades que Adonai tu Yahvé te da para habitar en ella

14. algunos hombres, malvados, salidos de tu propio seno, han seducido a sus conciudadanos diciendo: "Vamos a dar culto a otros dioses", desconocidos de vosotros,

15. consultarás, indagarás y preguntarás minuciosamente. Si es verdad, si se comprueba que en medio de ti se ha cometido tal abominación,

16. deberás pasar a filo de espada a los habitantes de esa ciudad; la consagrarás al anatema con todo lo que haya dentro de ella;

17. amontonarás todos sus despojos en medio de la plaza pública y prenderás fuego a la ciudad con todos sus despojos, todo ello en honor de Adonai tu Yahvé. Quedará para siempre convertida en un montón de ruinas, y no volverá a ser edificada.

18. De este anatema no se te quedará nada en la mano, para que Adonai aplaque el ardor de su ira y sea misericordioso contigo, tenga piedad de ti y te multiplique como prometió bajo juramento a tus padres,

A partir de aquí, y tras robar, matar y usurpar porque así parece haberlo dicho Yahvé, se multiplican las mismas leyes que escribió Moisés durante cuarenta años, donde destacan el matar a pedradas por mandato divino, a los que no crean en Yahvé, a los que adoren a otros dioses, a los hijos desobedientes y a las esposas adúlteras, pero sin olvidar perdonar a los asesinos que huyan y encuentren buen asilo, tras sus crímenes, en otra ciudad.

Robar y matar para salir de Egipto, robar y matar para entrar en las tierras de Canaán, apoyados por un ser tan curioso como poderoso, que a veces tiene armas divinas para someter a las víctimas de los atropellos hebreos, y otras veces no y deja a su pueblo elegido solo y a su suerte, pero tan solo para probar su fe, que conste.

"Lo hago por tu bien, y me va a doler más a mí que a ti el tormento que viene".

No cabe duda, y como dice mi amigo Omar, el judío ortodoxo chileno, la Torá es mitología judía pura y dura, con la amenaza de Yahvé, que todo lo ve, siempre a la espalda y dispuesto a matar a quien a Él le apetezca, porque Él da la vida, y Él puede quitarla cuando quiera.

EL TALMUD, EL LIBRO DE LA ENSEÑANZA

El Talmud es el libro de todos los días, creado en Babilonia, según algunos, o en Jerusalén, e incluso en Roma (El Talmud Filisteo, creado en el siglo II de la era común), sobre todo en la versión de los judíos ortodoxos, en el que asientan lo que analizan, estudian e interpretan los contenidos de la Torá, así como los usos y costumbres de las comunidades judías, entre otras cosas, y que sirvió siglos más tarde para iniciar una "guerra" ideológica, sobre todo contra el catolicismo, donde además de la Torá se estudiaba el Tanaj (Biblia hebrea) para contrastarlo con la Biblia Católica, la cual consideraban una mala copia, y con los evangelios, para los judíos una farsa total, pues, en un principio, el judaísmo no reconocía para nada la figura de Jesús, ni como profeta y mucho menos como Mesías, una verdadera falsedad para el mundo, y una herejía ofensiva para Yahvé, algo que también pensaban los godos por católicos que fueran.

El islam tardó en aparecer para entrar en las discusiones casi periodísticas y religiosas de la Edad Media, y durante un par de siglos, más o menos y en la ocupación de la península ibérica por los árabes, hubo cierto respeto y reconocimiento entre el pensamiento judío ortodoxo de Maimónides, y el tolerante pensamiento musulmán de Averroes y Avicena, por ejemplo, y en algunos aspectos, y diplomáticamente, con el catolicismo, tanto que tras varias discusiones y descalificaciones, se llegó a aceptar la figura de Jesús como profeta.

El Talmud, la obra infinita

El Talmud, además de las discusiones teológicas, estudia, sobre todo, las leyes que escribió Moisés inspirado por Yahvé durante cuarenta años en su travesía por el desierto, y que aparecen y se reiteran en el Deuteronomio, antes y después de la invasión a Canaán por parte de la turba judía, pero sin adivinar que ni siquiera cruzaría el Río Jordán para entrar triunfante en Jerusalén, lo cual se sigue estudiando, analizando e interpretando hasta hoy en día.

Del Talmud hay que interpretar casi todo lo concerniente a los usos, costumbres y actividades judías convertidas en leyes:

- Cómo se deben tratar las semillas, es decir, todo lo relacionado con la agricultura, diezmos, bendiciones y donaciones en Israel y fuera de Israel, lo que está permitido hacer y lo que no está permitido hacer, aunque parezca una banalidad o un absurdo, porque quizá no lo sea, y hay que analizarlo en profundidad durante siglos si es necesario.

- Cómo, dónde y cuándo se realizan las festividades judías, qué se puede y qué no se puede hacer en ellas, su importancia y relevancia, las permisividades que hay durante las celebraciones, y las prohibiciones que se deben acatar dentro de ellas, aunque al final y a la hora de la verdad, casi nada de lo que estipula el Deuteronomio se cumpla, y se caiga en excesos pecaminosos y borracheras.

- Qué son, como se deben tratar, y cuál es la importancia de las mujeres en el judaísmo, sobre todo en lo que respecta a las relaciones sexuales, el matrimonio y el divorcio, pero también a su posición en la vida cotidiana, el lugar que deben ocupar respecto al hombre o al marido, si deben o no deben bailar en las fiestas o reír en público; si han de permanecer encerradas en casa o si pueden salir a comerciar, al templo o las labores del campo; cuándo se les debe matar a pedradas, y cuándo y por qué se puede ser indulgente con ellas aunque sean pecaminosas o ejerzan la prostitución.

- Cuáles son los daños y perjuicios que una persona, familia o grupo pueda causar a la tribu o a la sociedad de forma particular o general, y qué castigos se le deben dar al trasgresor o trasgresores en cada caso, tabulando los crímenes en su dimensión económica, política y social, aunque a algunos les parezca injusto, pues así lo dispuso Yahvé en la Torá, perdonando y premiando a Caín por matar a Abel, por ejemplo, en lugar de castigarlo por su terrible acto criminal, y amenazando a quien lo persiguiera, atosigara o matara, con la muerte del que se atreviera a hacerlo, y la maldición sobre su familia hasta por setenta veces siete generaciones. Justicia divina que debe instalarse en la justicia de los hombres, con todas las dificultades, estudios, análisis y puestas en práctica que ello conlleva.

- Quién es santo y quien no lo es, quién debe y puede entrar en el templo, y hasta dónde puede hacerlo; a quién se le debe creer a quién no; cuáles son los profetas verdaderos y cuáles son los falsos profetas; siempre tomando en cuenta que Yahvé es el único grande y puro, y que nada ni nadie puede estar ni lejanamente por encima de él, o, es más, ni siquiera acercársele so pena de muerte, terror y condena eterna y total. "Mata a quien te invite a creer en otros dioses", repite Yahvé en el Deuteronomio y en otros versículos del Tanaj.

- Quién es puro del todo, limpio de toda mácula, ferviente amante del Señor y sin ninguna mancha de duda en mente, cuerpo y alma, o al menos lo suficientemente puro para presidir el templo y sus rituales, básicamente el mejor y sin taras de la tribu de Levi, de la casa de la línea sagrada y elegida por Adonai Yahvé, y nadie más; misma línea que para algunos lleva hasta el mismo Mesías eternamente esperado, y que en ningún caso puede ser ajeno a la casa israelí de Levi, o de la estirpe de David, que para algunos blasfemos, sacrílegos y atrevidos bien podría ser Jesús, pero decirlo, o solo pensarlo, podría ser causa de condena eterna.

- Y quien conoce los secretos de la cábala, según algunos, sabrá lo que nadie más debe saber, desde el verdadero nombre de Yahvé Adonai, hasta el verdadero significado de cada letra de las sagradas escrituras, aunque este arte no se puso realmente en práctica hasta el siglo XIX, más entre cristianos protestantes y sajones, que entre judíos de la casa de Levi o de Judá, aunque quizá alguno habría.

Muchos judíos no ortodoxos y nada propensos a la teología, nunca aceptaron a Jesús ni a la Iglesia católica, algo que también recoge el Talmud de la Edad Media, y tampoco a los musulmanes, a los que consideraban bastardos de Abraham.

Los judíos levitas, amos y dueños del templo por mandato de Yahvé

Hay que tomar en cuenta que entre los rabinos judíos tampoco había un acuerdo generalizado en cuanto a sus competidores religiosos, y tampoco en cuanto a las leyes y enseñanzas propias del judaísmo.

Hoy en día tampoco lo hay, ya que una cosa es el judaísmo ortodoxo, y otra muy distinta las diferentes facciones del judaísmo, que va desde el reformista, el de conversión y hasta el judaísmo que sí ve en Jesús al Mesías, por mencionar otras divisiones internas y externas.

La tribu de Levi sigue al mando por mandato divino, recibiendo bienes materiales y obediencia de todo el judaísmo sin apenas dar nada a cambio, pues así estaba escrito, y no todos estaban ni están de acuerdo con este designio, aunque generalmente lo acatan.

מאימתי פרק ראשון ברכות ב

מאימתי

Página del Talmud con sus notas e interpretaciones pertinentes

En resumen, el Talmud es el libro de estudiar, analizar, profundizar, experimentar y volver a estudiar cada letra de sus enseñanzas, incluso de forma cabalística, donde los textos no solo son lo que parecen, sino que cada letra de los mismos tiene un valor determinado y construye un nuevo texto dentro del texto, que debe analizarse casi hasta el infinito, pues el resultado de un primer análisis trae nuevas letras y nuevas disposiciones de las mismas, que han de estudiarse y analizarse como nuevo producto del anterior, y así hasta el final de los tiempos.

En suma, el Talmud nos enseña que cada quien interpreta las escrituras dentro de su nivel de estudios, comprensión de lo que lee o escucha, su cultura, sus creencias y su entendimiento, por lo que una persona puede repetir oralmente o escribir una frase escrita o dicha por otro fielmente, y sin embargo no estar diciendo ni escribiendo lo mismo, por lo que el estudio de la Torá debe ser constante y permanente.

El Tanaj

A el Tanaj se le conoce como la Biblia hebrea, término con el que algunos estudiosos están de acuerdo, y otros no, porque dicen que a la Biblia católica, o Antiguo Testamento, se le debería conoce como el Tanaj romano, pues primero fue el Tanaj y de él se derivaron las biblias de las iglesias romanas, la occidental y la ortodoxa, de las que además se desprenden las biblias evangélicas y las protestantes, algunas de ellas fiel copia del Tanaj hebreo.

El Tanaj es también la inspiración del Corán, aunque con este tiene más diferencias.

El Antiguo Testamento consta de 42 libros aceptados canónicamente, mientras que el Tanaj consta solo de 28 en su canon, divididos en tres secciones:

-La Torá, o el Libro de la Ley, o los cinco libros clásicos adjudicados a Moisés:

Génesis
Éxodo
Levítico

Números
Deuteronomio

-Nevi'im, o los libros de los profetas:

Libro de Josué
Libro de los Jueces
I Samuel
I Reyes
Libro de Isaías
Libro de Jeremías
Libro de Ezequiel
Profetas menores
II Samuel
II Reyes

-Ketuvim, o libro de las hagiografías, la sabiduría y las profecías:

Libro de los Salmos
Proverbios
Job
Cantar de los Cantares
Libro de Rut
Libro de las Lamentaciones
Libro del Eclesiastés
Libro de Ester
Libro de Daniel
Libro de Esdras

Libro de Nehemías
I Crónicas
II Crónicas

Página del Tanaj en hebreo

Según los expertos, las copias y las traducciones del Tanaj a los otros documentos bíblicos, son más o menos correctos, pues no varían mucho del original, aunque sí en musicalidad poética, puntuación, intensidad y lenguaje, que cada rama teológica o religiosa ha adecuado a su cultura y seguidores, sin pervertir el mensaje esencial.

La compilación la hace Esdras, sobre el setecientos o quinientos antes de nuestra era, pero el canon, o lista definitiva de los libros aceptados como Tanaj, no se hizo sino hasta el siglo II de nuestra era, en base a lo que los sabios rabinos del sanedrín judío decidieron, desechando formatos anteriores, y, según cuentan, dejando fuera a autores como Enoch, a pesar de ser uno de los profetas preferidos por Yahvé, por estar escrito en griego y no en hebreo ni en arameo, para poder ser considerado realmente sacro y judío del todo.

Obviamente, dentro de la mitología judía, la lengua sagrada en la que se expresa, y expresaba, Yahvé debe ser el hebreo y nada más que el hebreo, aunque el arameo sea consentido por su cercanía, y no en ninguna otra lengua habida sobre la faz de la Tierra, por mucho que Yahvé supuestamente tenía el don de lenguas y podía expresarse fluidamente y entender cualquier idioma.

Las leyendas y los mitos más folclóricos, conocidos y recreados religiosa y popularmente se encuentran sin duda en la Torá, pero el Talmud y el Tanaj no se quedan en al margen, sobre todo con las curiosas profecías de Ezequiel e Isaías, como tampoco lo hacen las fábulas sobre el pueblo judío que se cuentan fuera del canon religioso, y que los señalan tanto de héroes sanguinarios, como a Aarón, el hermano de Moisés; reyes sagrados, aunque promiscuos y adúlteros, como Salomón y David; y alguna heroína como Judith, que degüella a Holofernes, o Ruth, convertida al judaísmo por sus virtudes de conversión y reniego de los suyos y de sus dioses; ya fuera de los dos textos básicos, el Tanaj y la Torá, queda el Talmud, quizá miles de veces revisado y transformado, con las reseñas de persecuciones a su pueblo, pleitos entre ellos y contra los otros, así como polémicas políticas, económicas, religiosas y hasta teológicas que se han dado en los últimos dos mil años, y que casi siempre se refieren a lo mismo: la fe y el poder de la misma.

IV

Los ángeles custodios y el diluvio universal

Después de todo,
y a pesar de su divinidad,
castidad y pureza,
hasta los ángeles pecan,
o simplemente se enamoran.
Jardiel Poncela

Una de las leyendas más curiosas de la mitología judía es, sin duda, la de los ángeles custodios que se encuentra someramente en el Génesis, y que abunda de detalles en el *Libro de Enoch*, con ángeles que debían cuidar y guiar a la humanidad en ausencia de su Adonai Yahvé, quien parece ser que nunca estaba en todos lados ni lo veía todo, como aseguran sus creyentes seguidores, sino que era engañado por sus ayudantes en cuanto se descuidaba en otros asuntos siderales.

Algunos ángeles custodios se amancebaron con las hijas de los hombres, y, quizá, hicieron lo mismo algunas divinidades angelicales de signo femenino con los hijos de las mujeres, aunque no quedara escrito, pero veamos qué nos dice la Torá al respecto:

Génesis 6, los ángeles custodios

1. Cuando la humanidad comenzó a multiplicarse sobre la faz de la tierra y les nacieron hijas,

2. vieron los hijos de Yahvé (los ángeles) que las hijas de los hombres les venían bien, y tomaron por mujeres a las que preferían de entre todas ellas.

Ángel enamorando a una humana

3. Entonces dijo Adonai: "No permanecerá para siempre mi espíritu en el hombre, porque no es más que carne; que sus días sean 120 años".

4. Los Nefilim existían en la tierra por aquel entonces (y también después), cuando los hijos de Yahvé se unían

a las hijas de los hombres y ellas les daban hijos: estos fueron los héroes de la antigüedad, hombres famosos.

Por lo tanto, no queda muy claro si los Nefilim (los gigantes) son todos hijos de la unión de ángel y humana, o si desde siempre los seres angelicales tenían relaciones sexuales con la gente de la Tierra. Hay quien señala a Goliath, famoso héroe de los filisteos, como uno de esos Nefilim, hijo de ángel y humana, aborrecido por Yahvé y muerto a manos del pequeño David, que era hijo de humana y humano, que era como le apetecía que fuera al Señor.

5. Viendo Adonai que la maldad del hombre cundía en la tierra, y que todos los pensamientos que ideaba su corazón eran puro mal de continuo,

6. le pesó a Adonai de haber hecho al hombre en la tierra, y se indignó en su corazón.

7. Y dijo Adonai: "Voy a exterminar de sobre la faz del suelo al hombre que he creado, desde el hombre hasta los ganados, las sierpes, y hasta las aves del cielo, porque me pesa haberlos hecho".

Como casi siempre, en los textos sagrados la culpa es de la víctima, no del victimario, sobre todo si esta es mujer o si no goza del afecto de Adonai Yahvé, por tanto, si los ángeles tomaron sexualmente a las humanas o humanos, la culpa es de los humanos y humanas, no de los ángeles.

8. Pero Noé halló gracia a los ojos de Adonai.

9. Esta es la historia de Noé: Noé fue el varón más justo y cabal de su tiempo. Noé andaba con Yahvé.

10. Noé engendró tres hijos: Sem, Cam y Jafet.

11. La tierra estaba corrompida ante la presencia de Yahvé: la tierra se llenó de violencias.

12. Yahvé miró a la tierra, y he aquí que estaba viciada, porque toda carne tenía una conducta viciosa sobre la tierra.

13. Dijo, pues, Yahvé a Noé: "He decidido acabar con toda carne, porque la tierra está llena de violencias por culpa de ellos. Por eso, he aquí que voy a exterminarlos de la Tierra.

14. Hazte un arca de maderas resinosas. Haces el arca de cañizo y la calafateas por dentro y por fuera con betún.

15. Así es como la harás: longitud del arca, trescientos codos; su anchura, cincuenta codos; y su altura, treinta codos.

16. Haces al arca una cubierta y a un codo la rematarás por encima, pones la puerta del arca en su costado, y haces un primer piso, un segundo y un tercero.

17. Por mi parte, voy a traer el diluvio, las aguas sobre la tierra, para exterminar toda carne que tiene hálito de vida bajo el cielo: todo cuanto existe en la tierra perecerá.

18. Pero contigo estableceré mi alianza: Entrarás en el arca tú y tus hijos, tu mujer y las mujeres de tus hijos contigo.

19. Y de todo ser viviente, de toda carne, meterás en el arca una pareja para que sobrevivan contigo. Serán macho y hembra.

Una embarcación sin timón ni timonel, el Arca de Noé

20. De cada especie de aves, de cada especie de ganados, de cada especie de sierpes del suelo entrarán contigo sendas parejas para sobrevivir.

21. Tú mismo procúrate toda suerte de víveres y hazte acopio para que os sirvan de comida a ti y a ellos".

22. Así lo hizo Noé y ejecutó todo lo que le había mandado Yahvé.

No son pocas las críticas de marineros y expertos en embarcaciones que señalan la inviabilidad del proyecto, pero los creyentes rebaten diciendo que Yahvé tiene el poder milagroso para que sus designios se cumplan y funcionen más allá de las limitaciones de los hombres.

GÉNESIS 7, EL DILUVIO QUE VIENE

1 Adonai dijo a Noé: "Entra en el arca tú y toda tu casa, porque tú eres el único justo que he visto en esta generación.

2. De todos los animales puros tomarás para ti siete parejas, el macho con su hembra, y de todos los animales que no son puros, una pareja, el macho con su hembra.

3. (Asimismo de las aves del cielo, siete parejas, machos y hembras) para que sobreviva la casta sobre la faz de toda la tierra.

4. Porque dentro de siete días haré llover sobre la tierra durante cuarenta días y cuarenta noches, y exterminaré de sobre la faz del suelo todos los seres que hice".

5. Y Noé ejecutó todo lo que le había mandado Adonai.

6. Noé tenía seiscientos años cuando acaeció el diluvio, las aguas, sobre la tierra.

7. Noé entró en el arca, y con él sus hijos, su mujer y las mujeres de sus hijos, para salvarse de las aguas del diluvio.

8. (De los animales puros, y de los animales que no son puros, y de las aves, y de todo lo que serpea por el suelo,

9. sendas parejas de cada especie entraron con Noé en el arca, machos y hembras, como había mandado Yahvé a Noé).

Los biólogos también critican la selección por parejas, pues la tenia solitaria, que serpea, no tiene pareja; y señalan el desconocimiento de las especies animales que pueblan y poblaban la Tierra, muy parco y con un criterio muy sesgado en cuanto a la "pureza" de algunas especies, por mucho que sea la palabra sagrada de Adonai.

10. A la semana, las aguas del diluvio vinieron sobre la tierra.

11. El año seiscientos de la vida de Noé, el mes segundo, el día diecisiete del mes, en ese día saltaron todas las fuentes del gran abismo, y las compuertas del cielo se abrieron,

12. y estuvo descargando la lluvia sobre la tierra cuarenta días y cuarenta noches.

El Diluvio Carniano, o episodio pluvial del Carniano duró más de un millón de años, y si bien cambió la faz del planeta, no eliminó a todas las especies, sino que dio lugar a unas cuantas nuevas y fortaleció a los que serían los dinosaurios; aunque, por supuesto, para los creyentes de la Torá los dinosaurios no existen, son un invento de Satanás, y la Tierra no tiene más de cinco o seis mil años de antigüedad, por lo que todo lo que está fuera del pensamiento judío es una ilusión para contentar a los gentiles y alejarlos de la gracia de Yahvé.

13. En aquel mismo día entró Noé en el arca, como también los hijos de Noé, Sem, Cam y Jafet, y la mujer de Noé, y las tres mujeres de sus hijos;

14. y con ellos los animales de cada especie, los ganados de cada especie, las sierpes de cada especie que reptan sobre la tierra, y las aves de cada especie: toda clase de pájaros y seres alados;

15. entraron con Noé en el arca sendas parejas de toda carne en que hay aliento de vida,

16. y los que iban entrando eran macho y hembra de toda carne, como Yahvé se lo había mandado. Y Adonai cerró la puerta detrás de Noé.

17. El diluvio duró cuarenta días sobre la tierra. Crecie-

ron las aguas y levantaron el arca que se alzó por encima de la tierra.

18. Subió el nivel de las aguas y crecieron mucho sobre la tierra, mientras el arca flotaba sobre la superficie de las aguas.

19. Subió el nivel de las aguas mucho, muchísimo sobre la tierra, y quedaron cubiertos los montes más altos que hay debajo del cielo.

20. Quince codos por encima subió el nivel de las aguas quedando cubiertos los montes.

21. Pereció toda carne: lo que repta por la tierra, junto con aves, ganados, animales y todo lo que pulula sobre la tierra, y toda la humanidad.

22. Todo cuanto respira hálito vital, todo cuanto existe en tierra firme, murió.

23. Adonai exterminó todo ser que había sobre la faz del suelo, desde el hombre hasta los ganados, hasta las sierpes y hasta las aves del cielo: todos fueron exterminados de la tierra, quedando solo Noé y los que con él estaban en el arca.

Apelar a lo terrible y destructivas que son las inundaciones, salidas o desbordes de lagos y ríos, maremotos o tsunamis, es una buena manera de espantar a la gente, aunque nada tengan de universales, tanto, que hasta los ecologistas y amantes alarmistas del cambio climático los siguen utilizando hoy en día para amedrentar a la población conminándola a que se porten bien, como en su tiempo lo hizo Yahvé, sin tomar en cuenta que los cambios climáticos del planeta son constantes, a veces dramáticos y trágicamente puntuales, pero constantes, por lo que nuestro clima seguirá cambiando con o sin Yahvé, con o sin humanos, con nuevas lluvias y sequías cuasi eternas, vientos desbocados, volcanes gigantescos, cambios de continentes, elevaciones de montañas y mares que tapen los Himalaya, todo ello con millones de años de duración, donde las mitologías humanas no alcanzarán para evitarlo.

Huyendo inútilmente de las aguas

24. Las aguas inundaron la tierra por espacio de 150 días.

GÉNESIS 8, EL FINAL DE LAS AGUAS Y EL PACTO

1. Se acordó Yahvé de Noé y de todos los animales y de los ganados que con él estaban en el arca. Yahvé hizo pasar un viento sobre la tierra y las aguas decrecieron.

2. Se cerraron las fuentes del abismo y las compuertas del cielo, y cesó la lluvia del cielo.

3. Poco a poco retrocedieron las aguas de sobre la tierra. Al cabo de 150 días, las aguas habían menguado,

4. y en el mes séptimo, el día diecisiete del mes, varó el arca sobre los montes de Ararat.

El uso tan exacto del calendario es de lo más sospechoso, pero también aclara y señala que en esas fechas del calendario sumerio, posiblemente el más antiguo de Medio Oriente, ningún pueblo sufrió inundación alguna pues no hay registro histórico de la misma, ni entre los egipcios, los nubios, los beduinos, los cananeos, los persas, los sirios, que debieron obviar un hecho tan impportante como unas inundaciones que taparon las montañas y los altos del Golán, solo para molestar y poner en duda la mitología judía, y así burlarse de su Adonai Yahvé.

5. Las aguas siguieron menguando paulatinamente hasta el mes décimo, y el día primero del décimo mes asomaron las cumbres de los montes.

6. Al cabo de cuarenta días, abrió Noé la ventana que había hecho en el arca,

7. y soltó al cuervo, el cual estuvo saliendo y retornando hasta que se secaron las aguas sobre la tierra.

8. Después soltó a la paloma, para ver si habían menguado ya las aguas de la superficie terrestre.

9. La paloma, no hallando donde posar el pie, tornó donde él, al arca, porque aún había agua sobre la superficie de la tierra; y alargando él su mano, la asió y la metió consigo en el arca.

10. Aún esperó otros siete días y volvió a soltar la paloma fuera del arca.

11. La paloma vino al atardecer, y he aquí que traía en el pico un ramo verde de olivo, por donde conoció Noé que habían disminuido las aguas de encima de la tierra.

12. Aún esperó otros siete días y soltó la paloma, que ya no volvió donde él.

13. El año 601 de la vida de Noé, el día primero del primer mes, se secaron las aguas de encima de la tierra.

Noé retiró la cubierta del arca, miró y he aquí que estaba seca la superficie del suelo.

14. En el segundo mes, el día veintisiete del mes, quedó seca la tierra.

15. Habló entonces Yahvé a Noé en estos términos:

16. "Sal del arca tú, y contigo tu mujer, tus hijos y las mujeres de tus hijos.

17. Saca contigo todos los animales de toda especie que te acompañan, aves, ganados y todas las sierpes que reptan sobre la tierra. Que pululen sobre la tierra y sean fecundos y se multipliquen sobre la tierra".

18. Salió, pues, Noé, y con él sus hijos, su mujer y las mujeres de sus hijos.

19. Todos los animales, todos los ganados, todas las aves y todas las sierpes que reptan sobre la tierra salieron por familias del arca.

20. Noé construyó un altar a Adonai, y tomando de todos las animales puros y de todas las aves puras, ofreció holocaustos en el altar.

Un "holocausto" no es más que una barbacoa o una carne asada que se ofrecía a los dioses, en este caso a Yahvé, pero que se comían los humanos, normalmente los sacerdotes.

El holocausto de Noé para el Señor

21. Al aspirar Adonai el calmante aroma, dijo en su corazón: "Nunca más volveré al maldecir el suelo por causa del hombre, porque las trazas del corazón humano son malas desde su niñez, ni volveré a herir a todo ser viviente como lo he hecho.

El olor a carne asada por fin contuvo la ira de Yahvé.

22. Mientras dure la tierra, sementera y siega, frío y calor, verano e invierno, día y noche, no cesarán".

GÉNESIS 9, EL YO PECADOR

1. Yahvé bendijo a Noé y a sus hijos, y les dijo: "Sed fecundos, multiplicaos y llenad la tierra.

2. Infundiréis temor y miedo a todos los animales de la tierra, y a todas las aves del cielo, y a todo lo que repta por el suelo, y a todos los peces del mar; quedan a vuestra disposición.

3. Todo lo que se mueve y tiene vida os servirá de alimento; todo os lo doy, lo mismo que os di la hierba verde.

4. Solo dejaréis de comer la carne con su alma, es decir, con su sangre,

5. y yo os prometo reclamar vuestra propia sangre; la reclamaré a todo animal y al hombre; a todos y a cada uno reclamaré el alma humana.

6. Quien vertiere sangre de hombre, por otro hombre será su sangre vertida, porque a imagen de Yahvé hizo Él al hombre.

7. Vosotros, pues, sed fecundos y multiplicaos; pululad en la tierra y dominad en ella".

8. Dijo Yahvé a Noé y a sus hijos:

9. "He aquí que yo establezco mi alianza con vosotros, y con vuestra futura descendencia,

10. y con toda alma viviente que os acompaña: las aves, los ganados y todas las alimañas que hay con vosotros, con todo lo que ha salido del arca, todos los animales de la tierra.

11. Establezco mi alianza con vosotros, y no volverá nunca más a ser aniquilada toda carne por las aguas del diluvio, ni habrá más diluvio para destruir la tierra".

12. Dijo Yahvé: "Esta es la señal de la alianza que para las generaciones perpetuas pongo entre yo y vosotros y toda alma viviente que os acompaña:

13. Pongo mi arco en las nubes, y servirá de señal de la alianza entre yo y la tierra.

14. Cuando yo anuble de nubes la tierra, entonces se verá el arco en las nubes,

15. y me acordaré de la alianza que media entre yo y vosotros y toda alma viviente, toda carne, y no habrá más aguas diluviales para exterminar toda carne.

16. Pues en cuanto esté el arco en las nubes, yo lo veré para recordar la alianza perpetua entre Yahvé y toda alma viviente, toda carne que existe sobre la tierra".

17. Y dijo Yahvé a Noé: "Esta es la señal de la alianza que he establecido entre yo y toda carne que existe sobre la tierra".

18. Los hijos de Noé que salieron del arca eran Sem, Cam y Jafet. Cam es el padre de Canaán.

19. Estos tres fueron los hijos de Noé, y a partir de ellos se pobló toda la tierra.

20. Noé se dedicó a la labranza y plantó una viña.

21. Bebió del vino, se embriagó, y quedó desnudo en medio de su tienda.

22. Vio Cam, padre de Canaán, la desnudez de su padre, y avisó a sus dos hermanos.

23. Entonces Sem y Jafet tomaron el manto, se lo echaron al hombro los dos, y andando hacia atrás, vueltas las caras, cubrieron la desnudez de su padre sin verla.

24. Cuando despertó Noé de su embriaguez y supo lo que había hecho con él su hijo menor,

25. dijo: "¡Maldito sea Canaán! ¡Siervo de siervos sea para sus hermanos!"

26. Y dijo: "¡Bendito sea Adonai, el Yahvé de Sem, y sea Canaán esclavo suyo!

27. ¡Engrandezca Yahvé a Jafet; habite en las tiendas de Sem, y sea Canaán esclavo suyo!".

28. Vivió Noé después del diluvio 350 años.

29. El total de los días de Noé fue de 950 años, y murió.

Hoy en día es un escándalo que Noé anduviera borracho y desnudo, y que incluso "conociera" a sus hijas, según algunos autores, sobre todo cuando bebía de más, pero en aquel entonces el incesto no estaba mal visto del todo, y en muchas familias, tanto egipcias como judías o hebreas, se daba con cierta frecuencia, porque lo que estaba prohibido era pernoctar con las nueras, no con las hijas, aunque en el caso de Noé es muy posible que sus nueras también fueran sus hijas, ¡todo un anatema!, aunque la moral judía, que tanto se parece a la incipiente moral griega de aquellos tiempos, comenzaba a marcar nuevos límites dentro de las familias para evitar la promiscuidad y el incesto, las enfermedades venéreas transmitidas dentro del seno familiar, y la malformación eventual de los hijos debido al exceso de endogamia, que en pueblos cerrados en sí mismos como el judío eran tan frecuentes como pocos deseables.

Noé culpa a los cananeos de su pecado, es decir, a la influencia cultural de otros pueblos y de otros dioses, con vicios, usos y costumbres que se deben evitar en nombre del único dios verdadero, Yahvé, que no se cansa de poner leyes y límites a sus fieles seguidores, por mucho que estos no le hagan caso y sigan pecando.

Pactar con la humanidad zafia y pecadora (por mucho que sea su pueblo elegido), parece pensar Yahvé, es obligado, ya que la amenaza de borrarlos sobre la faz de la Tierra no funciona, y siempre queda algún representante del pueblo judío que se salve y se reproduzca por terrible que sea el diluvio o la guerra casi nuclear contra Sodoma y Gomorra.

Por otra parte, y hablando de milagros judíos, mucha gente se pregunta cómo es posible que de solo tres hijos, Sem, Cam y Jafet, renaciera toda la raza humana, pues se olvidan que la Torá no habla de "toda la raza humana gentil o goyim", sino de toda la raza humana judía, la única que cuenta para Yahvé como su creación y privilegio de ser el pueblo elegido.

Sem, Cam y Jafet, los padres de la humanidad judía

Aún así, que de tres parejas nacieran las siguientes generaciones de todo el mundo conocido por Yahvé, que no era mucho, solo Norte de África, Medio Oriente y Cuenca Mediterránea, es todo un reto que los estudiosos reparten de la siguiente manera para intentar deshacer el embrollo de la Torá, y darle lugar a otros pueblos que no eran fervientes seguidores de Yahvé, o que ni siquiera sabían de su divina existencia:

- Sem, "el famoso", es antepasado directo del patriarca Abraham, y por tanto fuente y base de los israelitas, los verdaderos judíos, dejando al resto fuera del amparo y jurisdicción divina y religiosa de Yahvé. Por su nombre y posibles derivaciones, también es padre generador de todos los pueblos y tribus semitas, como así lo reclaman algunos, aunque no todos están de acuerdo en que así sea.

- Cam, que nadie sabe lo que significa su nombre, es padre generador de muchos pueblos que ya existían y que difícilmente pudieron ser alcanzados por diluvio alguno, por lo que no falta quien lo relacione directamente con las divinidades de los cielos, e incluso con los extraterrestres, que más que crear a los egipcios, cananeos, los fenicios, los bereberes, sirios, palestinos, mesopotámicos o los jebuseos, evacuó en su nave nodriza a muchos de ellos para evitarles el trago amargo de morir ahogados en el Diluvio Universal, para regresarlo a tierra una vez pasado el incidente, y convirtiéndose en su padre virtual por haberlo hecho.

- Jafet, el tercero y a la vez el primero, vendría a ser padre de los pueblos de la Cuenca Mediterránea, donde se pueden sumar algunos persas, macedonios, lacedonios, albaneses, croatas, espartanos, ilotas, chipriotas, atenienses y hasta algunos griegos de la bota itálica, como los calabreses y sicilianos actuales, donde tampoco se registró diluvio ni catástrofe pasada por agua alguna en esos tiempos, aunque en algunos lugares del Mar Egeo si son frecuentes, aunque no universales. Los hijos de Jafet, cuentan, son responsables de la expansión del judaísmo en Europa a principios de nuestra era, con Saulo de Tarso a la cabeza.

Esta es una de las versiones, pero no la única, ya que grandes estudiosos de la Torá del siglo XIX convinieron que:

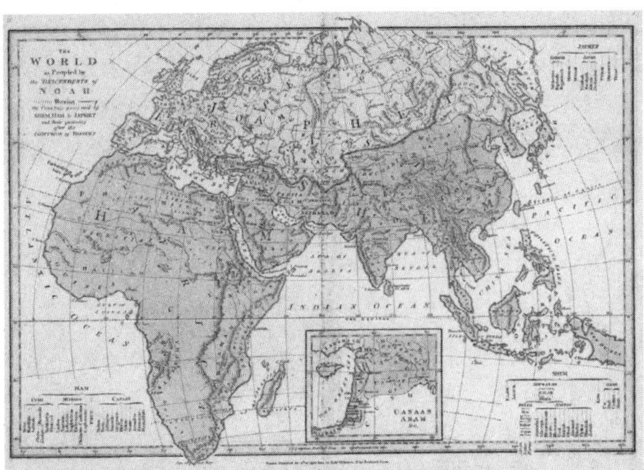

Mapa de Wilkinson (S. XIX), con la distribución de las razas hijas de Sem, Cam y Jafet

- Sem es el padre de la estirpe de Yahvé de toda Asia, chinos, indios y malasios incluidos, Japón no, porque en el siglo XIX Japón era poco conocido.

- Cam es el padre de la estirpe de Yahvé de toda África, desde Egipto hasta Zulú, por eso Séfora, la esposa de Moisés, ya era judía, y todos sus hijos, y los hijos de los hijos de sus hijos, deberían tener la nacionalidad israelí de manera inmediata.

- Jafet así se quedaría con toda Europa, incluidas las islas británicas, los sajones, los bretones, los celtas, los godos, los griegos, los romanos y hasta algunos nórdicos, pero no los lapones, porque casi nadie sabía que existían ni en el mil antes de nuestra era, ni en el siglo XIX.

La otra discusión es que, si a partir de ahí con Sem, Cam y Jafet todos los seres humanos sin excepción son nietos, hijos o creación de Yahvé, o si no lo son, y el privilegio de ser creados por Adonai sigue siendo un privilegio exclusivo de unos cuantos, los judíos de sangre paridos de madre judía, y de nadie más; o si en realidad mítica y teológica la humanidad entera fue creada o recreada por Yahvé con sangre judía. Unos aseguran que sí, otros juran que no.

DUDAS

La mitología judía suele llenar de dudas tanto a sus

creyentes, como a sus seguidores seglares, católicos, cristianos y musulmanes, y a un sin número de estudiosos fascinados o interesados en la teología o en la sociología de las religiones, donde unos creen en los mitos judíos como si fueran historia real, pura y dura; y otros piensan que son metáforas con un fondo real a descubrir; sin faltar los que apuntan que todo es una curiosa fantasía fuera de toda realidad, genética y cronología, con una increíble capacidad de convencimiento.

La Torá, además de estar llena de leyendas, es una fuente de premios y castigos, de privilegios para algunos y de condena para otros, donde los héroes a veces son trágicos y dramáticos, como Moisés, o curiosos borrachines como Noé, e incluso peligrosos criminales y asesinos como Caín.

Yahvé, el personaje principal, no siempre las tiene todas consigo, pues sus creaciones suelen fallarle, faltarle al respeto, desobedecerlo, burlarlo, negarlo y traicionarlo.

Como Ra, tiene la tentación de desaparecer su propia creación, que no le ha salido como esperaba aunque él mismo sea perfecto y lo sepa todo de antemano, porque es él quien diseña los destinos de todos y cada uno de los seres vivos, por lo que vive atribulado en una contradicción permanente.

Los gentiles, los que no son su creación, son pecadores testarudos y falibles, pero los suyos, creados por sus propias manos, son peores, pues pecan constantemente a pesar de conocerle y saber las terribles consecuencias de sus actos.

Si un Noé, alcohólico y promiscuo que no asumía sus

propias culpas era el mejor de sus hijos en la Tierra, cómo estarían los demás.

Noé borracho y desnudo tras el diluvio

Los mismos ángeles, los cuales en su inmensa mayoría también son de su creación, se le rebelan, le engañan, pecan, abusan de su poder en su ausencia por más que él esté en todos los lugares del universo al mismo tiempo, a pesar de saber que los mandará al infierno o que los destruirá para siempre, qué se puede esperar de los humanos o de animales como la serpiente.

El templo inicial y primitivo de Yahvé era una piedra, tradición que siguen los musulmanes, pero Noé le monta uno menos rústico, y Salomón le construye uno de verdadero lujo, algo que de entrada no parece complacerle, pero que al final acepta, lo mismo que los sacrificios, ya no de primogénitos, aunque tienta a Abraham para que le sacrifique a Isaac, sino de animales puros y tratados a la manera *kosher*, cuya grasa quemada y su aroma, suele calmarle y hacerle más bondadoso y prudente, como dice el dicho judío: "no tomes decisiones con el estómago vacío", lo que lo convierte en casi humano, con apetitos de organismo vivo, y no de ser etéreo y trascendente.

¿Y los nefilim? Que estaban antes y después, hijos bastardos de ángeles y mujeres, que sobrevivieron al diluvio y dejaron descendencia en la Tierra, como Goliath, ¿son un mito, una metáfora, o son y fueron reales? Hombres altos, atléticos, viriles, líderes, pantagruélicos y seductores, o simples enfermos de gigantismo que vivían poco y comían más de la cuenta.

La humanidad en general, y los pueblos y tribus judías en particular, parecen avanzar, pero sin salir del Génesis, o del principio, como dice mi amigo Omar, el judío ortodoxo que todo lo estudia y todo lo cuestiona, damos vueltas sobre un mismo eje, pues parece que algo adelantamos, pero luego, casi sin darnos cuenta, estamos en el mismo lugar, siempre a la espera de algo que nunca llega, como los mesías o como el Día del Juicio Final.

No importa nada, todo es obra de Yahvé y sus caminos son tan correctos como insondables para los judíos, y mucho más para los gentiles. Él sabe lo que hace y no debemos cuestionarlo, que nos dio el albedrío adrede, para ver cómo caemos y pecamos, no para faltarle el respeto.

Sigamos pues con esa parte del Génesis de la Torá, donde la sabia y desconocida inteligencia de Yahvé parece premiar al trasgresor y castigar al trasgredido.

V
El premio y el castigo

En este mundo
puedo ser tu esclavo,
pero en el Cielo de Yahvé
siempre seré
tu dueño.
PROVERBIO JUDÍO

"Si tu hijo se emborracha, te reta, te desobedece o te falta al respeto, llévalo con un hombre sabio para que lo reconvenga; pero si sigue portándose mal y no se enmienda, haz que lo maten a pedradas tus vecinos, pues no merece la vida." Nos dicen las leyes de la Torá que tan sabia y dignamente anotó Moisés inspirado por Yahvé, pero cumplirlas no parece tan fácil llegado el momento.

También está la leyenda del hijo pródigo, que abandona el hogar y se va a recorrer mundo y a tener aventuras, sin importarle lo que le pase a sus padres ni a sus hermanos, pues siempre había mostrado un carácter huraño con los suyos; sin embargo, cuando regresa al hogar varios años después, es recibido con gran amor por parte de su padre, que le dispensa todo tipo de atenciones y privilegios.

Sus hermanos no están de acuerdo con ese trato, y así se lo manifiestan a su padre: "¿Por qué él es mejor tratado que todos los demás, cuando no ha contribuido ni un ápice para la fortuna familiar?".

Recuperando al hijo pródigo

Y el padre les contesta: "Porque ustedes me han tenido a mí y mis bienes todos estos años, y su hermano nada ha tenido".

El hijo pródigo no recibe un castigo por haber abandonado sus responsabilidades en el hogar, sino un premio por el simple hecho de haber vuelto.

La metáfora de la recuperación de lo perdido, o del hermano perdido, justifica el premio que recibe la oveja descarriada, sin importar si ha triunfado o fracasado en el mundo externo, ni si su regreso se debe a un interés mal sano, como el de gozar de una herencia a la que por haber abandonado al grupo no tiene derecho.

Nada importa más que la vuelta al rebaño del hijo

pródigo, de la oveja negra, porque ese es el triunfo del sistema paternal y patriarcal, no del grupo, sino del sistema, pues vuelve con la cabeza agachada y "la cola entre las patas" a las creencias, a las leyes y a lo que está mandado por Yahvé, es decir, a lo que está establecido en su lugar de origen, en sus raíces, para abrazarlas de nuevo, sobre todo si vuelve menesteroso, vencido y derrotado, e incluso si vuelve rico, porque simplemente no ha sido capaz de vivir en lo externo y ha necesitado, por la razón que sea, reintegrarse al grupo y a la casa paterna.

Volver a casa es un triunfo para el padre, que se premia a sí mismo al favorecer al hijo perdido que ha regresado al hogar.

Los hijos, tanto en la mitología judía como en otras mitologías, son tanto un premio, como una carga o un castigo, casi tanto como una mascota, pues a las mascotas y a los hijos se les tiene por el mismo motivo: tener a alguien a quien mandar, y que ese alguien obedezca nuestras normas y, además, nos muestre respeto y cariño incondicional.

Los hijos pueden ser tanto una alegría como un dolor de cabeza, que hacen sufrir a sus padres de una o de otra manera, como le pasó al mismo Yahvé con la decepción de Adán y Eva, e incluso con el grueso del pueblo judío, al que intentó destruir dos o tres veces, pero que al final perdonó.

Son varias las mujeres de la Torá que agradecen a Yahvé el tener hijos, como Sara a sus 90 años, Raquel, la segunda esposa de Jacob, para no pasar como estéril, y tantas otras que se han empeñado en ser madres, ya sea para contentar al marido, a los padres o a la sociedad, o bien para tener algo suyo, propio, con el que pueden hacer lo que les venga de gusto, bueno o malo, no importa, porque les pertenece y es suyo.

Las madres solteras no son ninguna novedad de las sociedades actuales, Agar, la sirvienta y concubina de Abraham es la muestra de ello, mujer valiente y decidida que es capaz de sacar adelante a su hijo Ismael a pesar de haber sido desterrada al desierto, un Ismael que unos siglos más tarde fue la inspiración para crear el Islam, y sacudirse el judaísmo del padre Abraham (al que perdona por ser amigo de Alá), competir de tú a tú con el catolicismo romano, y llegar a ciertos acuerdos con el cristianismo de la Edad Media.

Total, en el pecado generalmente se lleva la penitencia, el castigo o el premio, porque en la Torá vemos abandonos, como el que sufre José, que dan amplios réditos a sus protagonistas, como la regencia de Egipto; o crímenes con recompensa, como la que obtiene Caín tras haber matado a Abel, el reino de Edom, en lugar de haber sido lapidado por sus padres, porque Yahvé lo tiene en buena estima y hasta le gusta su carácter hostil, contestatario, grosero y rebelde; mientras que santos varones, como Esaú, hermano de Jacob, y quizá el mismo dulce y tierno Abel, nunca fueron de su preferencia.

Conquistar al rebelde y pendenciero es un triunfo (Caín), mientras que conquistar al obediente no tiene mérito alguno (Abel), porque ese se conquista y se entrega solo.

GÉNESIS 4, LAS PRIMERAS GENERACIONES

1. Conoció el hombre a Eva, su mujer, la cual concibió y dio a luz a Caín, y dijo: "He adquirido un varón con el favor de Adonai".

2. Volvió a dar a luz, y tuvo a Abel su hermano. Fue Abel pastor de ovejas y Caín labrador.

3. Pasó algún tiempo, y Caín hizo a Adonai una oblación de los frutos del suelo.

4. También Abel hizo una oblación de los primogénitos de su rebaño, y de la grasa de los mismos. Adonai miró propicio a Abel y su oblación,

5. mas no miró propicio a Caín y su oblación, por lo cual se irritó Caín en gran manera y se abatió su rostro.

6. Adonai dijo a Caín: "¿Por qué andas irritado, y por qué se ha abatido tu rostro?

7. ¿No es cierto que si obras bien podrás alzarlo? Mas, si no obras bien, a la puerta está el pecado acechando como fiera que te codicia, y a quien tienes que dominar".

8. Caín, dijo a su hermano Abel: "Vamos afuera". Y cuando estaban en el campo, se lanzó Caín contra su hermano Abel y lo mató.

9. Adonai dijo a Caín: "¿Dónde está tu hermano Abel?". Contestó: "No sé. ¿Soy yo acaso el guarda de mi hermano?".

10. Replicó Adonai: "¿Qué has hecho? Se oye la sangre de tu hermano clamar a mí desde el suelo.

11. Pues bien: maldito seas, lejos de este suelo que abrió su boca para recibir de tu mano la sangre de tu hermano.

12. Aunque labres el suelo, no te dará más su fruto. Vagabundo y errante serás en la tierra".

13. Entonces dijo Caín a Adonai: "Mi culpa es demasiado grande para soportarla.

14. Es decir que hoy me echas de este suelo y he de esconderme de tu presencia, convertido en vagabundo errante por la tierra, y cualquiera que me encuentre me matará".

15. Le respondió Adonai: "Al contrario, quienquiera que matare a Caín, lo pagará siete veces". Y Adonai puso una señal a Caín para que nadie que le encontrase le atacara.

Impunidad y perdón, como entre las élites y las clases sacerdotales y políticas, pues la ley en realidad nunca ha sido igual para todos, algo que parecen tener muy claro los cainistas: "Puedes matar a tu madre, hijo o hermano sin problemas, siempre y cuando seas querido por

Yahvé". Mi abuela decía lo mismo con otras palabras: "Solo los tontos y los pobres están en la cárcel".

16. Caín salió de la presencia de Adonai, y se estableció en el país de Nod, al oriente de Edén.

17. Conoció Caín a su mujer, la cual concibió y dio a luz a Henoc. Estaba construyendo una ciudad, y la llamó Henoc, como el nombre de su hijo.

18. A Henoc le nació Irad, e Irad engendró a Mejuyael. Mejuyael engendró a Metusael, y Metusael engendró a Lámek.

19. Lámek tomó dos mujeres: la primera llamada Adá, y la segunda Sillá.

20. Adá dio a luz a Yabal, el cual vino a ser padre de los que habitan en tiendas y crían ganado.

21. El nombre de su hermano era Yubal, padre de cuantos tocan la cítara y la flauta.

22. Sillá por su parte engendró a Túbal Caín, padre de todos los forjadores de cobre y hierro. Hermano de Túbal Caín fue Naamá.

23. Y dijo Lámek a sus mujeres: "Adá y Sillá, oíd mi voz; mujeres de Lámek, escuchad mi palabra: Yo maté a un hombre por una herida que me hizo y a un muchacho por un cardenal que recibí.

24. Caín será vengado siete veces, mas Lámek lo será 77".

25. Adán conoció otra vez a su mujer, y ella dio a luz un hijo, al que puso por nombre Set, diciendo: "Yahvé me ha otorgado otro descendiente en lugar de Abel, porque le mató Caín".

26. También a Set le nació un hijo, al que puso por nombre Enós. Este fue el primero en invocar el nombre de Adonai.

E invocándolo, como se invoca en la magia, Yahvé Adonai acudió a su llamado, y empezó a acompañar y a hacerse presente a los patriarcas y a los hijos de los patriarcas, queriendo más a unos que a otros, y hablando con los que más creían en su fe, y a los que fue eligiendo para que la propagaran.

Génesis 5, siguen naciendo de la estirpe creadora de Yahvé

1. Esta es la lista de los descendientes de Adán. El día en que Yahvé creó a Adán, le hizo a imagen de Yahvé.

2. Los creó varón y hembra, los bendijo, y los llamó "Hombre" en el día de su creación.

3. Tenía Adán 130 años cuando engendró un hijo a su semejanza, según su imagen, a quien puso por nombre Set.

4. Fueron los días de Adán, después de engendrar a Set, ochocientos años, y engendró hijos e hijas.

5. El total de los días de la vida de Adán fue de 930 años, y murió.

6. Set tenía 105 años cuando engendró a Enós.

7. Vivió Set, después de engendrar a Enós, 807 años y engendró hijos e hijas.

8. El total de los días de Set fue de 912 años, y murió.

9. Enós tenía noventa años cuando engendró a Quenán.

10. Vivió Enós, después de engendrar a Quenán, 815 años, y engendró hijos e hijas.

11. El total de los días de Enós fue de 905 años, y murió.

12. Quenán tenía setenta años cuando engendró a Mahalalel.

13. Vivió Quenán, después de engendrar a Mahalalel, 840 años, y engendró hijos e hijas.

14. El total de los días de Quenán fue de 910 años, y murió.

15. Mahalalel tenía 65 años cuando engendró a Yéred.

16. Vivió Mahalalel, después de engendrar a Yéred, 830 años, y engendró hijos e hijas.

17. El total de los días de Mahalalel fue de 895 años, y murió.

18. Yéred tenía 162 años cuando engendró a Henoc.

19. Vivió Yéred, después de engendrar a Henoc, ochocientos años, y engendró hijos e hijas.

20. El total de los días de Yéred fue de 962 años, y murió.

21. Henoc tenía 65 años cuando engendró a Matusalén.

22. Henoc anduvo con Yahvé; vivió, después de engendrar a Matusalén, trescientos años, y engendró hijos e hijas.

23. El total de los días de Henoc fue de 365 años.

24. Henoc anduvo con Yahvé, y desapareció porque Yahvé se lo llevó.

Henoc no tuvo que pasar por el trance de la muerte física, por lo que es uno de los favoritos de Yahvé, además de ser posiblemente inmortal y elevado a la condición de ángel eterno que jamás sufrirá la muerte.

Henoc ascendiendo sin morir al Cielo

25. Matusalén tenía 187 años cuando engendró a Lámek.

26. Vivió Matusalén, después de engendrar a Lámek, 782 años, y engendró hijos e hijas.

27. El total de los días de Matusalén fue de 969 años, y murió.

El longevo Matusalén

Las edades de los personajes siempre se ha considerado mitología judía pura, y en el caso de Matusalén, aún más, pues a pesar de los 969 años que le otorga la Torá, hay quien dice que vivió algo más, y que incluso puede andar todavía entre nosotros, pero sin ser inmortal del todo, solo especialmente longevo, como todos los antediluvianos, que además de longevos eran viriles y activos, es decir fértiles sexualmente, sin problemas de próstata, como Lámek, hijo de Matusalén, que casi con doscientos años se estrenó como padre, precisamente de Noé.

En medio mundo la figura de Matusalén es un claro referente a la longevidad de los hombres, sobre todo si llegan a ciertas edades en pleno uso de sus facultades físicas y mentales casi intactas, un sueño que ha mantenido desvelados a los hombres durante milenios: no envejecer, y, si se envejece, llegar sano, viril y fuerte al envejecimiento.

28. Lámek tenía 182 años cuando engendró un hijo,

29. y le puso por nombre Noé, diciendo: "Este nos consolará de nuestros afanes y de la fatiga de nuestras manos, por causa del suelo que maldijo Adonai".

Una breve profecía de Lámek sobre el destino y futuro de su hijo, Noé, para darle sentido al diluvio con el que Yahvé acabaría con su pueblo elegido, y de paso con el mundo entero.

30. Vivió Lámek, después de engendrar a Noé, 595 años, y engendró hijos e hijas.

31. El total de los días de Lámek fue de 777 años, y murió.

32. Tenía Noé quinientos años cuando engendró a Sem, a Cam y a Jafet.

Tras el diluvio, y dentro de la alianza de Yahvé con Noé como representante de la humanidad de su creación, la edad máxima quedó en 120 años, si bien es cierto que hay pocos judíos y gentiles que lleguen a esa edad, aunque los japoneses y los cubanos andan rondando la cifra, sin ser precisamente creyentes de Adonai.

La Creación, hace 3760 años antes de nuestra era, exactamente

Para algunos investigadores, las míticas edades de los personajes de la Torá se deben a un intento de justificar la edad del judaísmo y cazarla con la fecha de la creación, 3760 años antes de nuestra era exactamente, que serían 5784 en nuestros días, fecha que en su momento a los sabios hebreos les pareció suficiente para situar la aparición de Yahvé creando el mundo del pueblo de Israel, primero, y de todo el mundo, después, ya que de geología y paleontología no tenían ni información ni conocimiento, y muchos de sus seguidores insisten en que antes de esa fecha no existía nada, y que todo lo que se supone anterior a la creación es del todo falso e inventado por los enemigos de Yahvé y de los judíos.

Una vez concluido el diluvio, ya no hacía falta que los patriarcas fueran tan longevos, aunque muchos de los nuevos personajes llegaron a los 120 años antes de partir hacia los Cielos, y las cuentas podían ser más laxas y hasta sujetas a las visiones de los profetas mayores, y a veces de los profetas menores, que daban cuenta de la historia mitológica de Israel de atrás para adelante, o de adelante para atrás, aunque la gran mayoría de sus profecías nunca se cumplieron..., pero, quién puede saberlo, aún pueden cumplirse porque el tiempo es relativo en todo lo que concierne a la mitología judía, e incluso al universo entero.

VI
La leyenda del judío errante y la torre de Babel

La religión es
la divinización
de la ignorancia,
con el fantasioso poder
de la mitología.
LOUISE ACKERMAN

Como si de una maldición de Yahvé se tratara por la tenaz desobediencia del pueblo judío, la espada de Damocles pendía sobre su cabeza todo el tiempo: "Estaréis condenados a carecer de tierra y vagaréis por el mundo todo el tiempo", pues era, y es, un pueblo difícil de gobernar y de contener, pueblo pecaminoso que a menudo desobedece o desconoce las leyes de su Señor, a pesar de los pactos y las alianzas que ha hecho con ellos para evitarse la molestia de aniquilarlos del todo.

La regeneración de la tierra judía después del diluvio era una buena oportunidad para hacerlo todo bien, aunque el mismo Yahvé fuera el que fallara y sintiera miedo, celos o envidia de su propio pueblo, derrumbando sus obras, como la torre de Babel, para evitar que quisieran igualarse a Él, o incluso superarlo, por lo que había que declarar una guerra preventiva y así ahorrarse la codicia y competencia de los hombres.

GÉNESIS 10, LA REGENERACIÓN DESPUÉS DEL DILUVIO

1. Esta es la descendencia de los hijos de Noé, Sem, Cam y Jafet, a quienes les nacieron hijos después del diluvio:

2. Hijos de Jafet: Gomer, Magog, los medos, Yaván, Túbal, Mések y Tirás.

3. Hijos de Gomer: Askanaz, Rifat, Togarmá.

4. Hijos de Yaván: Elisá, Tarsis, los Kittim y los Dodanim.

5. A partir de estos se poblaron las islas de gente. Estos fueron los hijos de Jafet por sus territorios y lenguas, por sus linajes y naciones respectivas.

6. Hijos de Cam: Kus, Mizraim, Put y Canaán.

7. Hijos de Kus: Seba, Javilá, Sabtá, Ramá y Sabteká. Hijos de Ramá: Seba y Dedán.

8. Kus engendró a Nemrod, que fue el primero que se hizo prepotente en la tierra.

9. Fue un bravo cazador delante de Adonai, por lo cual se suele decir: "Bravo cazador delante de Adonai, como Nemrod".

10. Los comienzos de su reino fueron Babel, Erek y Acad, ciudades todas ellas en tierra de Senaar.

Babel, Erek y Acad, o Babilonia, Uruk y Acadia, los reinos que más tarde derrotarían y esclavizarían a Israel, desconociendo del todo a sus creadores, los judíos, entre otras cosas porque los sumerios, lamelios y acadios que dominaban esas tierras eran dos o tres mil años más antiguos que los hebreos, los israelitas y los judíos juntos, y desconocían los prodigios de Yahvé, que se mostró impotente ante ellos, y no pudo ni siquiera mandarles las plagas con las que asoló a Egipto.

11. De aquella tierra procedía Asur, que edificó Nínive, Rejo Bot Ir, Kálaj

12. y Resen, entre Nínive y Kálaj (aquella es la Gran Ciudad).

13. Mizraim engendró a los luditas, anamitas, lehabitas y naftujitas,

14. a los de Patrós, de Kasluj y de Kaftor, de donde salieron los filisteos.

15. Canaán engendró a Sidón, su primogénito, y a Het,

16. al jebuseo, al amorreo, al guirgasita,

Los jebuseos tampoco aceptaron de buen grado ser hijos de Sem, ni de Cam, y mucho menos de Jafet, pues estaban antes en la tierra injustamente prometida, a los israelitas, de Canaán y Jerusalén, y fueron vecinos del Jardín del Edén, aunque nunca se dieron cuenta de su construcción ni de su desaparición una vez que Adán y Eva fueron echados de él. Los amorreos, de hecho, sufrieron las consecuencias de las creencias fanáticas de los judíos durante unos cuantos siglos, sin tener nada que deberle al presuntuoso y violento Yahvé.

17. al jevita, al arqueo, al sineo,

18. al arvadeo, al zemareo y al jamateo. Más tarde se propagaron las estirpes cananeas.

19. La frontera de los cananeos iba desde Sidón, en dirección de Guerar, hasta Gaza; y en dirección de Sodoma, Gomorra, Admá y Seboyim, hasta Lesa.

20. Estos fueron los hijos de Cam, según sus linajes y lenguas, por sus territorios y naciones respectivas.

21. También le nacieron hijos a Sem, padre de todos los hijos de Héber y hermano mayor de Jafet.

22. Hijos de Sem: Elam, Asur, Aparksad, Lud y Aram.

23. Hijos de Aram: Us, Jul, Guéter y Mas.

24. Aparksad engendró a Sélaj y Sélaj engendró a Héber.

25. A Héber le nacieron dos hijos: el nombre de uno fue Péleg, porque en sus días estaba dividida la tierra. Su hermano se llamaba Yoqtán.

26. Yoqtán engendró a Almodad, a Selef, a Jasarmávet, a Yéraj,

27. a Hadoram, a Uzal, a Diclá,

28. a Obal, a Abimael, a Sebá,

29. a Ofir, a Javilá y a Yobab. Todos fueron hijos de Yoqtán.

30. Su asiento se extendió desde Mesá, en dirección a Sefar, al monte del oriente.

31. Estos fueron los hijos de Sem, según sus linajes y lenguas, por sus territorios y naciones respectivas.

32. Hasta aquí los linajes de los hijos de Noé, según su origen y sus naciones. Y a partir de ellos se dispersaron los pueblos por la Tierra después del diluvio.

A partir de estos datos los estudiosos, como hemos visto hace un par de capítulos, se devanaron los sesos para adivinar las razas y los lugares reales, o ficticios, que los tres hijos de Noé poblaron después del diluvio, con un planeta, o al menos un mundo conocido por los judíos de entonces, lleno de cadáveres putrefactos de animales, plantas y humanos, sobre todo judíos, porque los cananeos, maldecidos por Noé y por Yahvé, parece que ni siquiera se enteraron de la torrencial lluvia.

De cualquier manera y a pesar de la carroña circundante, que fueran tres hebreos los que repoblaron la Tierra tenía como lógico resultado que sus descendientes hablaran la misma lengua, posiblemente el idish o el arameo, e incluso el hebreo primitivo, pero solo una lengua, lo que debería facilitar la comunicación entre los pueblos.

GÉNESIS 11, LA TORRE DE BABEL

1. Todo el mundo era de un mismo lenguaje e idénticas palabras.

2. Al desplazarse la humanidad desde Oriente, hallaron una vega en el país de Senaar y allí se establecieron.

3. Entonces se dijeron el uno al otro: "¡Ea!, vamos a fabricar ladrillos y a cocerlos al fuego". Así el ladrillo les servía de piedra y el betún de argamasa.

4. Después dijeron: "¡Ea!, vamos a edificarnos una ciudad y una torre con la cúspide en los cielos, y hagámonos famosos, por si nos desperdigamos por toda la faz de la tierra".

5. Bajó Adonai a ver la ciudad y la torre que habían edificado los humanos,

6. y dijo Adonai: "He aquí que todos son un solo pueblo con un mismo lenguaje, y este es el comienzo de su obra. Ahora nada de cuanto se propongan les será imposible.

7. Sea, pues, bajemos, y una vez allí confundamos su lenguaje, de modo que no entienda cada cual el de su prójimo".

8. Y desde aquel punto los desperdigó Adonai por toda la faz de la tierra, y dejaron de edificar la ciudad.

El progreso de los hombres ofendió a Yahvé

9. Por eso se la llamó Babel; porque allí embrolló Adonai el lenguaje de todo el mundo, y desde allí los desperdigó Adonai por toda la faz de la tierra.

Yahvé se quedó tan contento, y los hombres de su creación empezaron a errar y a diseminarse por el mundo, bajando cada vez más su promedio de edad y su coeficiente intelectual, aceptando el mito como algo real y huyendo de la ingeniería.

Claro que hay quien afirma que no hace falta el mismo idioma para construir una torre, pues así lo hacen y hacían los emigrantes de varios países afincados en Babilonia, Nueva York, o cualquier gran ciudad, con señas, gestos y hasta capataces que indican lo que se tiene que hacer incluso si son sordos o mudos y de las más diferentes lenguas, culturas y nacionalidades, pero la metáfora mitológica quizá no se refiera a eso, sino al dicho de Julio César: "Divide y vencerás".

10. Estos son los descendientes de Sem: Sem tenía cien años cuando engendró a Aparksad, dos años después del diluvio.

11. Vivió Sem, después de engendrar a Aparksad, quinientos años, y engendró hijos e hijas.

12. Aparksad era de 35 años de edad cuando engendró a Sélaj.

13. Y vivió Aparksad, después de engendrar a Sélaj, 403 años, y engendró hijos e hijas.

14. Era Sélaj de treinta años cuando engendró a Héber.

15. Y vivió Sélaj, después de engendrar a Héber, 403 años, y engendró hijos e hijas.

16. Era Héber de 34 años cuando engendró a Péleg.

17. Y vivió Héber después de engendrar a Péleg 430 años, y engendró hijos e hijas.

18. Era Péleg de treinta años cuando engendró a Reú.

19. Y vivió Péleg, después de engendrar a Reú, 209 años, y engendró hijos e hijas.

20. Era Reú de 32 años cuando engendró a Serug.

21. Y vivió Reú después de engendrar a Serug, 207 años, y engendró hijos e hijas.

22. Era Serug de treinta años cuando engendró a Najor.

23. Y vivió Serug, después de engendrar a Najor, doscientos años, y engendró hijos e hijas.

24. Era Najor de veintinueve años cuando engendró a Téraj.

25. Y vivió Najor, después de engendrar a Téraj, 119 años, y engendró hijos e hijas.

26. Era Téraj de setenta años cuando engendró a Abraham, a Najor y a Harán.

27. Estos, son los descendientes de Téraj: Téraj engendró a Abraham, a Najor y a Harán. Harán engendró a Lot.

28. Harán murió en vida de su padre Téraj, en su país natal, Ur de los caldeos.

29. Abraham y Najor se casaron. La mujer de Abraham se llamaba Sara, y la mujer de Najor, Milká, hija de Harán, el padre de Milká y de Jiská.

30. Sara era estéril, sin hijos.

31. Téraj tomó a su hijo Abraham, a su nieto Lot, el hijo de Harán, y a su nuera Sara, la mujer de su hijo Abraham, y salieron juntos de Ur de los caldeos, para dirigirse a Canaán. Llegados a Jarán, se establecieron allí.

32. Fueron los días de Téraj 205 años, y murió en Jarán.

Hay quien encuentra algo de confusión en esta última genealogía, y en la función de Abraham como esposo de la estéril Sara, o Saray, y en su deambular entre Caldea, Egipto y Canaán, siendo posiblemente caldeo de origen, pero hebreo, o hibraim de profesión, es decir, pastor trashumante o campesino a sueldo en las huertas de las grandes ciudades, un nómada de la medialuna fértil, tanto como del desierto, enriquecido por su labor, con todo un grupo, familia o tribu a su espalda, aunque no tuviera descendencia, que finalmente se asentó en Canaán comprando con setenta talentos de plata el terreno (en una época en la que no existía el dinero) que iba a ocupar hasta el final de sus días, convirtiéndose en un hombre sedentario, donde progresó con la ayuda de Yahvé, que a veces le juagaba malas pasadas que terminaban molestando más a Yahvé que al mismo Abraham, como el intento fallido de que Abraham le sacrificara a Isaac, privándolo de una merecida carne asada, porque "si Yahvé te lo da (un hijo legítimo en la ancianidad), Yahvé también te lo quita".

LOS JUDÍOS ERRANTES

La leyenda del judío errante puede haber nacido con Abraham, así como con los que se vieron obligados a salir de Babel por no saber más que un idioma, o con los hijos de Noé, que dejaron atrás la tierra de su padre para poblar el mundo entero y regando hijos por todas partes en nombre de Yahvé.

Hay muchas leyendas que llevan este mismo nombre, desde la antigüedad hasta el presente, pasando por la Edad Media y el Renacimiento, o la Era Moderna.

No en vano una de las amenazas de Yahvé sobre su pueblo, es la de dejarlos sin casa, hogar ni donde apacentarse y vivir tranquilos por siempre.

Cuando ocuparon la Tierra Prometida y crearon un par de reinos, el del norte y el del sur, para reunificarlos finalmente, nunca estuvieron tranquilos del todo.

Primero fueron cautivos de Egipto, luego del pueblo Asirio, en el 732 antes de nuestra era, y después lo fueron de Babilonia, en el 538, solo doscientos años más tarde, hasta que aparecieron los griegos y los romanos y ya no los sacaron de su pueblo ni se los llevaron como esclavos, pero los sometieron y los sumaron a sus trofeos de conquista, obligándolos en algunos casos, por hambre, necesidad o desconcierto, a emigrar precisamente a las tierras de sus opresores, Grecia y Roma, donde sufrieron todo tipo de persecuciones y vejaciones, pero también la posibilidad de llevar una nueva vida.

El judío, condenado a errar siempre

Siempre errantes, siempre malditos por sus vecinos y por su propio Adonai, que se desesperaba al ver a su pueblo sometido y pecador, o pecador y sometido, aunque su religión y su mitología los mantenía unidos por medio de la identidad y de la fe.

Por supuesto, la mitología judía no acepta la leyenda del judío errante, llamado Asuero, que fue maldito por negarle descanso a Jesús en su viacrucis: "Yo partiré, pero tú te quedarás hasta que regrese", lo maldijo santamente el bueno de Jesús, con lo que Asuero sigue deambulando por el mundo esperando que el Mesías de los cristianos y católicos regrese, por lo que lleva más de dos mil años en sus gastadas suelas.

En la mitología judía el judío errante no es un barco fantasma holandés, y tampoco Matusalén que no acaba de morirse y que lleva más tiempo en la Tierra que Asuero, sino todo el pueblo judío, a pesar de que hoy en día tenga en su poder el Estado de Israel y desde él intente expandirse sobre las tierras vecinas, sino porque en la mitología judía la Tierra Prometida no es Jerusalén, Tel Aviv o sus alrededores, sino el mundo entero, y hasta que no lo posean seguirán vagando por el planeta.

Desobedecer a Yahvé, incluso en las leyes más raras o absurdas, como tejer una tela con dos hilos diferentes, comer camarones, o no quedarse con la mujer del hermano muerto para mantenerla y hacerle más hijos, es un pecado imperdonable, y vagar vituperados por los gentiles por la faz de la Tierra, sin lugar donde apacentarse, es el castigo.

La culpa eterna

Según la mitología judía, el hecho de que los judíos hayan soportado la esclavitud de Egipto, Nínive y Babilonia, así como las eternas persecuciones, guetos, encierros y vejaciones durante casi dos mil años a lo largo y ancho de Europa, para pasar finalmente por el Holocausto nazi, no es culpa de los pueblos o las religiones que los han apartado y sojuzgado, sino de ellos mismos por fallarle constantemente a su Adonai Yahvé de una y mil maneras, entre otras, las de no dominar al mundo y no haber sido capaces de instaurar el judaísmo en todo el planeta, ya sea exterminando a los gentiles, o teniéndolos como servidores y esclavos, mientras que la mayoría de los habitantes del orbe sean judíos, o por lo menos amos y señores de vidas y haciendas.

Sionistas y no sionistas se discuten estos términos de conquista; mientras que muchos judíos actuales aseguran que la Tierra Prometida es Nueva York, desde donde están dominando al mundo, casi tal y como se propone en los *Protocolos de los sabios de Sion*, pues ya son dueños de empresas, bancos, religiones y gobiernos casi de todo Occidente, con lo que cada vez están más cerca de sanar de la mácula eterna, y sin necesidad, de momento, de pasar por las armas o a fuego y espada al resto de la humanidad.

VII
Sodoma y Gomorra

Si hubiere
solo un santo,
solo uno,
salvaré de la destrucción
a la gente y su ciudad.
Palabra de Adonai

Sodoma y Gomorra. Las míticas ciudades del pecado que Yahvé destruyó con fuego y azufre lanzado desde el cielo, como si unas naves espaciales las bombardearan en una época donde la humanidad carecía de armas de guerra semejantes.

¿Era Yahvé un extraterrestre moralista que atacó el valle florido del Sidim, entre el Jordán y el Mar Muerto, donde estaban las hermosas ciudades de Sodoma, Gomorra, Admá, Zeboím y Bella, solo porque no seguían sus leyes ni le adoraban?

¡O es una metáfora para asustar a los que se "portan mal", quienes, a pesar de todas las amenazas insisten en su mal comportamiento?

Si Yahvé Adonai levantara la cabeza y viera lo que el mundo es hoy, tanto el judío como el gentil, lo destruiría de una vez y para siempre a pesar de los pactos y alianzas que ha hecho con su comunidad elegida, pues los "pecados" de la actualidad son peores que los de aquellas ciudades.

"Hacerlo con una *goyim* no debe ser pecado", dijo una vez un tío de Hans, mi gran amigo de la adolescencia, lo que suscitó la risa del grupo, sin que un Lot le regañara o le reconviniera.

La sodomía (sexo anal) es un grave pecado, lo mismo que el adulterio (tener sexo con una mujer casada, donde ambos pecan por igual) y el onanismo (la masturbación, sobre todo si se vierte el semen sobre la tierra), tanto como la homosexualidad, sobre todo la masculina, y practicar el sexo con la nuera, aunque la prostitución no está del todo sancionada si se practica como recurso para sobrevivir. La pederastia tampoco está contemplada, pues muchos matrimonios eran pederastas, es decir, de hombre adulto con niña, o mujer adulta con niño.

No cabe duda que la sexualidad repugna a Yahvé en muchos sentidos, pero más si es practicada por las mujeres, que deben mantenerse castas y puras hasta lo indecible, o lo imposible, para evitar conflictos, dramas y trasmisiones de enfermedades venéreas.

¿El sida? Seguramente castigo de Yahvé, por lo que la sodomía es la principal vía de contagio.

El sexo en la mitología judía es para producir hijos dentro del matrimonio, nada más, aunque su ejercicio fuera del matrimonio esté vetado a las mujeres, y a veces tolerado en los hombres.

El matrimonio debe ser pactado entre familias judías para preservar la sangre, el linaje y la expansión del judaísmo por el mundo, algo que no tuvieron muy en cuenta los judíos del siglo XIX y por eso se les castigó cruelmente en el XX con el Holocausto nazi, como

Marx, de ascendencia judía, que no respetó las leyes y vivió una vida disipada, por lo que se le murieron casi todos sus hijos y pervirtió a la humanidad con una ideología falsa, malvada y desvelada.

El hombre judío podía tener algunas licencias con sus sirvientas, esclavas o prostitutas (e incluso con sus cabras, aseguran algunos), pero la mujer judía, que es la responsable de transmitir la sangre sagrada, no debía ni debe tener ninguna, por lo que ser testigo, tanto en el pasado como en el presente, de que hay mujeres judías que se comportan como las adolescentes de Babilonia (teniendo relaciones sexuales con cualquiera, sobre todo antes del matrimonio pactado y reglado), sería suficiente para que cayeran rayos y bombas nucleares del cielo mandadas por Yahvé al planeta entero.

Sodoma y Gomorra habían caído en los excesos porque sus habitantes eran ricos y no tenían que luchar por tener tierras o alimentos, les sobraba de todo, los lujos les llenaban los bolsillos y les pervertían la mente, se aburrían, y como se aburrían al tenerlo todo, se dedicaban a pecar para matar el tiempo.

¿Había judíos pobres en Sodoma y Gomorra? Por supuesto que sí, aquello de que todos los judíos son ricos era un mito entonces como lo es ahora, una falsedad, una torpe leyenda, porque tanto la Torá como el Tanaj indican claramente que el patriarca debe tener empleados, siervos, criadas y hasta esclavos y esclavas si hace falta, los cuales, además, deben estar contentos de tener un amo, respetándolo y amándolo, porque así lo manda la jerarquía, donde el jerarca máximo y más elevado es precisamente Yahvé Adonai, y todos los demás están para amarlo, respetarlo, servirlo y adorarlo haciendo lo que Él les manda sin objetarlo, aunque sea un crimen atroz, sin esperar absolutamente nada a cambio, porque ya los ha hecho el Pueblo Elegido y con eso deben tener más que suficiente y estar eternamente agradecidos sexual y económicamente, sin desear nada más que complacer a su Adonai; y los criados y esclavos de Sodoma y Gomorra así lo hacían, pervirtiéndose tanto como sus amos.

Lot abandonando Sodoma antes de la destrucción

Lot no tendría a dónde ir en el mundo actual, porque seguramente no hay ni un solo hombre, judío o gentil, verdaderamente santo sobre la faz de la Tierra.

Después de la "broma" que le gastara Yahvé a Abraham pidiéndole que sacrificara y ofreciera en holocausto a su único hijo, Isaac, que se salva de milagro gracias a la intervención de dos Elohim, quizá Enlil (hijo del Annu sumerio) y Eli (o Alá), los ojos de Yahvé, que solo hizo lo que Belial o Moloch pidiendo a primogénitos en holocausto y sacrifico, se tornaron hacia las ciudades del pecado, Sodoma y Gomorra, a donde fueron los dos Elohim, acompañados de Abraham, para ver si se podía hacer algo para salvarlos, por si había un solo hombre justo y adorador de Yahvé entre sus filas, y si lo había, Lot y su familia.

Pero era tal la depravación que ofendía el alma pura de Yahvé, que mandó destruir las ciudades igualmente, pues sacando a Lot de Sodoma, no quedaba nadie justo entre sus habitantes.

Edith, la mujer de Lot, mirando hacia atrás

Los sodomitas quisieron tener relaciones sexuales con los Elohim, al verlos llegar a la ciudad y hospedarse con Lot, quien les ofreció a sus hijas a cambio de los Elohim, pero los habitantes de Sodoma no querían a las hijas de Lot por vírgenes que fueran, sino a la carne fresca y divina, y ante el desacuerdo se inició la lucha y la huida, con los Elohim cegando a los lujuriosos para abrirse paso hacia las montañas, pero con tan mala suerte, que Edith, la mujer de Lot, se convirtió en estatua de sal. "No mires hacia atrás", le habían advertido como Orfeo se lo advirtió a Eurídice en la mitología griega, pero, por necia y curiosa, miró hacia atrás para ver cómo ardía Sodoma, y selló su destino y su desgracia.

Este mito se ha querido refrendar de muchas maneras como una historia real, y no como un relato más de la mitología judía, tanto por arqueólogos, como por teólogos judíos y católicos, los cuales a veces o de vez en cuando aseguran haber encontrado las ruinas de Sodoma, alegando además que posiblemente el Mar Muerto, demasiado salado como la mujer de Lot, es así por la acción del azufre que mandó Yahvé sobre ese territorio, convirtiéndolo de paso en un páramo o extraño desierto en medio de la luna fértil, pues antes de su destrucción el valle de Sidim era todo un paraíso.

Algunos van un poco más allá, y señalan que tanto el Sahara como el desierto árabe, son consecuencia de las guerras celestiales entre los más diversos dioses (hay alrededor de seis mil en el planeta Tierra) para erigir al vencedor como el Dios Único y Verdadero.

El problema es que los dioses son inmortales, y aunque ganaran o perdieran una que otra batalla, jamás podría ninguno de ellos ganar la guerra entera, porque los otros sobrevivirían, tal y como han sobrevivido en tantos pueblos, diciendo cada uno que solo él, y no los otros, es el dios vencedor y verdadero; algo que posiblemente sigan haciendo en la actualidad, aunque ya no masacren a las pecaminosas ciudades en donde no tienen seguidores ni creyentes.

La ciudad de Las Vegas en los Estados Unidos de Norteamérica, o Bangkok en Asia, serían perfectas candidatas para sufrir la ira de Adonai, molesto porque finalmente Abraham no sacrificó a Isaac, para comérselo en sabroso holocausto, como era la costumbre entre otros dioses en aquellos tiempos.

Sodoma y Gomorra nunca han pasado de moda, realmente, siempre ha habido ciudades del pecado, zonas rojas, barrios dedicados a la prostitución, la lujuria, la drogadicción y todo tipo de pecados y excesos, con judíos y gentiles como protagonistas, y muy pocas, o casi ninguna han sido destruidas con azufre y fuego que desciende de los cielos, sino todo lo contrario, han progresado y se han mantenido a lo largo del tiempo, ofendiendo a Yahvé sin consideración alguna.

No hay que olvidar, señala la mitología judía, que Yahvé no ve nada mal la guerra, sobre todo si la gana, pero ve con muy malos ojos la sexualidad ajena, porque Él, desde el último desamor y rotura de corazón con una tal Jerusalén, a decir del profeta Isaías, no tiene sexualidad alguna.

VIII
El éxodo y la diáspora

Por más albedrío
que te otorgue Adonai,
jamás podrás escapar
de tu propio destino,
porque así está escrito.
Proverbio judío

Según los expertos, tanto el judaísmo como el que un grupo de tribus se consideraran a sí mismas Israel, o el pueblo elegido de Yahvé, nacen realmente con el Éxodo, que es más un referente a otras esclavitudes que sufrieron las tribus hebreas y el pueblo judío ya conformado, que una realidad, pues su caída ante asirios y acadios (Nínive y Babilonia) está perfectamente documentada por la historia de Medio Oriente, escrita, asentada y transmitida de generación en generación en diversos textos y archivos, mientras que del cautiverio en Egipto no hay nada escrito ni verificable, ni siquiera la fecha, por lo que el éxodo, tan famoso y publicitado tanto por las religiones judeocristianas como por los medios de comunicación, el cine, el teatro, la Biblia, la poesía y similares, cae dentro de los parámetros de la mitología judía, algo que sucedió míticamente y que da lugar al primer gran mandamiento de Yahvé ("Amarás a tu Yahvé Adonai por sobre todas las cosas, porque Él te salvó de la esclavitud de Egipto"), así como a la metáfora de la liberación, independencia y soberanía del Reino de Israel en las tierras de Canaán.

ÉXODO I, EL CAUTIVERIO

1. Estos son los nombres de los israelitas que entraron con Jacob en Egipto, cada uno con su familia:

2. Rubén, Simeón, Leví, Judá,

3. Isacar, Zabulón, Benjamín,

4. Dan, Neftalí, Gad y Aser.

5. El número de los descendientes de Jacob era de setenta personas. José estaba ya en Egipto.

6. Murió José, y todos sus hermanos, y toda aquella generación;

7. pero los israelitas fueron fecundos y se multiplicaron; llegaron a ser muy numerosos y fuertes y llenaron el país.

8. Se alzó en Egipto un nuevo rey, que nada sabía de José;

9. y que dijo a su pueblo: "Mirad, los israelitas son un pueblo más numeroso y fuerte que nosotros.

10. Tomemos precauciones contra él para que no siga multiplicándose, no sea que en caso de guerra se una también él a nuestros enemigos para luchar contra nosotros y salir del país".

11. Les impusieron pues, capataces para aplastarlos bajo el peso de duros trabajos; y así edificaron para el Faraón las ciudades de depósito: Pitom y Ramsés.

12. Pero cuanto más les oprimían, tanto más crecían y se multiplicaban, de modo que los egipcios llegaron a temer a los israelitas.

13. Y redujeron a cruel servidumbre a los israelitas,

14. les amargaron la vida con rudos trabajos de arcilla y ladrillos, con toda suerte de labores del campo y toda clase de servidumbre que les imponían por crueldad.

15. El rey de Egipto dio también orden a las parteras de las hebreas, una de las cuales se llamaba Sifrá, y la otra Puá,

16. diciéndoles: "Cuando asistáis a las hebreas, observad bien las dos piedras: si es niño, hacedle morir; si es niña dejadla con vida".

17. Pero las parteras temían a Yahvé, y no hicieron lo que les había mandado el rey de Egipto, sino que dejaban con vida a los niños.

18. Llamó el rey de Egipto a las parteras y les dijo: "¿ Por qué habéis hecho esto y dejáis con vida a los niños?".

19. Respondieron las parteras al Faraón: "Es que las hebreas no son como las egipcias. Son más robustas, y antes que llegue la partera, ya han dado a luz".

20. Y Yahvé favoreció a las parteras. El pueblo se multiplicó y se hizo muy poderoso.

21. Y por haber temido las parteras a Yahvé, les concedió numerosa prole.

22 Entonces Faraón dio a todo su pueblo esta orden: 'Todo niño que nazca lo echaréis al Río; pero a las niñas las dejaréis con vida".

Éxodo 2, La cesta en el agua

1. Un hombre de la casa de Leví fue a tomar por mujer una hija de Leví.

2. Concibió la mujer y dio a luz un hijo; y viendo que era hermoso lo tuvo escondido durante tres meses.

3. Pero no pudiendo ocultarlo ya por más tiempo, tomó una cestilla de papiro, la calafateó con betún y pez, metió en ella al niño, y la puso entre los juncos, a la orilla del río.

4. La hermana del niño se apostó a lo lejos para ver lo que le pasaba.

5. Bajó la hija del Faraón a bañarse en el río y, mientras sus doncellas se paseaban por la orilla del río, divisó la cestilla entre los juncos, y envió una criada suya para que la cogiera.

6. Al abrirla, vio que era un niño que lloraba. Se compadeció de él y exclamó: “Es uno de los niños hebreos”.

7. Entonces dijo la hermana a la hija del Faraón: “¿Quieres que yo vaya y llame una nodriza de entre las hebreas para que te críe este niño?”.

8. “Vete”, le contestó la hija de Faraón. Fue, pues, la joven y llamó a la madre del niño.

9. Y la hija de Faraón le dijo: “Toma este niño y críamelo que yo te pagaré”. Tomó la mujer al niño y lo crio.

10. El niño creció, y ella lo llevó entonces a la hija del Faraón, que lo tuvo por hijo, y lo llamó Moisés, diciendo: “De las aguas lo he sacado”.

11. En aquellos días, cuando Moisés ya fue mayor, fue a visitar a sus hermanos, y comprobó sus penosos trabajos; vio también cómo un egipcio golpeaba a un hebreo, a uno de sus hermanos.

12. Miró a uno y a otro lado, y no viendo a nadie, mató al egipcio y lo escondió en la arena.

13. Salió al día siguiente y vio a dos hebreos que reñían. Y dijo al culpable: "¿Por qué pegas a tu compañero?".

14. Él respondió: "¿Quién te ha puesto de jefe y juez sobre nosotros? ¿Acaso estás pensando en matarme como mataste al egipcio?". Moisés, lleno de temor, pensó: "La cosa ciertamente se sabe".

15. Supo el Faraón lo sucedido y buscaba a Moisés para matarlo; pero él huyó de la presencia del Faraón, y se fue a vivir al país de Madián. Se sentó junto a un pozo.

16. Tenía un sacerdote de Madián siete hijas, que fueron a sacar agua y llenar los pilones para abrevar las ovejas de su padre.

17. Pero vinieron los pastores y las echaron. Entonces, levantándose Moisés, salió en su defensa y les abrevó el rebaño.

18. Al volver ellas a donde su padre Reuel, este les dijo: "Cómo es que venís hoy tan pronto?".

19. Respondieron: "Un egipcio nos libró de las manos de los pastores, y además sacó agua para nosotras y abrevó el rebaño".

20. Preguntó entonces a sus hijas: "¿Y dónde está?

¿Cómo así habéis dejado a ese hombre? Llamadle para que coma".

21. Aceptó Moisés morar con aquel hombre, que dio a Moisés su hija Séfora.

22. Esta dio a luz un hijo y le llamó Guersom, pues dijo: "Forastero soy en tierra extraña".

23. Durante este largo período murió el rey de Egipto; los israelitas, gimiendo bajo la servidumbre, clamaron, y su clamor, que brotaba del fondo de su esclavitud, subió a Yahvé.

24. Oyó Yahvé sus gemidos, y se acordó Yahvé de su alianza con Abraham, Isaac y Jacob.

25. Y miró Yahvé a los hijos de Israel y conoció lo que había de hacerse.

Éxodo 3, La revelación de la zarza

1. Moisés era pastor del rebaño de Jetró su suegro, sacerdote de Madián. Una vez llevó las ovejas más allá del desierto; y llegó hasta Horeb, la montaña de Yahvé.

2. El ángel de Adonai se le apareció en forma de llama de fuego, en medio de una zarza. Vio que la zarza estaba ardiendo, pero que la zarza no se consumía.

3. Dijo, pues, Moisés: "Voy a acercarme para ver este extraño caso: por qué no se consume la zarza".

4. Cuando vio Adonai que Moisés se acercaba para mirar, le llamó de en medio de la zarza, diciendo: "¡Moisés, Moisés!". Él respondió: "Heme aquí."

5. Le dijo: "No te acerques aquí; quita las sandalias de tus pies, porque el lugar en que estás es tierra sagrada".

6. Y añadió: "Yo soy el Yahvé de tu padre, el Yahvé de Abraham, el Yahvé de Isaac y el Yahvé de Jacob". Moisés se cubrió el rostro, porque temía ver a Yahvé.

7. Dijo Adonai: "Bien vista tengo la aflicción de mi pueblo en Egipto, y he escuchado su clamor en presencia de sus opresores; pues ya conozco sus sufrimientos.

8. He bajado para librarle de la mano de los egipcios y para subirle de esta tierra a una tierra buena y espaciosa; a una tierra que mana leche y miel, al país de los cananeos, de los hititas, de los amorreos, de los perizitas, de los jivitas y de los jebuseos.

9. Así pues, el clamor de los israelitas ha llegado hasta mí y he visto además la opresión con que los egipcios los oprimen.

10. Ahora, pues, ve; yo te envío al Faraón, para que saques a mi pueblo, los israelitas, de Egipto".

11. Dijo Moisés a Yahvé: "¿Quién soy yo para ir al Faraón y sacar de Egipto a los israelitas?".

12. Respondió: "Yo estaré contigo y esta será para ti la señal de que yo te envío: Cuando hayas sacado al pueblo de Egipto daréis culto a Yahvé en este monte".

13. Contestó Moisés a Yahvé: "Si voy a los israelitas y les digo: 'El Yahvé de vuestros padres me ha enviado a vosotros'; cuando me pregunten: '¿Cuál es su nombre?', ¿qué les responderé?".

14. Dijo Yahvé a Moisés: "Yo soy el que soy". Y añadió: "Así dirás a los israelitas: Yo soy me ha enviado a vosotros".

15. Siguió Yahvé diciendo a Moisés: "Así dirás a los israelitas: Adonai, el Yahvé de vuestros padres, el Yahvé de Abraham, el Yahvé de Isaac y el Yahvé de Jacob, me ha enviado a vosotros. Este es mi nombre para siempre, por él seré invocado de generación en generación".

16. "Ve, y reúne a los ancianos de Israel, y diles: Adonai, el Yahvé de vuestros padres, el Yahvé de Abraham, de Isaac y de Jacob, se me apareció y me dijo: 'Yo os he visitado y he visto lo que os han hecho en Egipto.

17. Y he decidido sacaros de la tribulación de Egipto al país de los cananeos, los hititas, los amorreos, perizitas, jivitas y jebuseos, a una tierra que mana leche y miel'.

18. Ellos escucharán tu voz, y tú irás con los ancianos de Israel donde el rey de Egipto; y le diréis: 'Adonai, el Yahvé de los hebreos, se nos ha aparecido. Permite, pues, que vayamos camino de tres días al desierto, para ofrecer sacrificios a Adonai, nuestro Yahvé'.

19. Ya sé que el Faraón de Egipto no os dejará ir sino forzado por mano poderosa.

20. Pero yo extenderé mi mano y heriré a Egipto con toda suerte de prodigios que obraré en medio de ellos y después os dejará salir.

21. Yo haré que este pueblo halle gracia a los ojos de los egipcios, de modo que cuando partáis, no saldréis con las manos vacías,

22. sino que cada mujer pedirá a su vecina y a la que mora en su casa objetos de plata, objetos de oro y vestidos, que pondréis a vuestros hijos y a vuestras hijas, y así despojaréis a los egipcios".

Éxodo 4, las dudas de Moisés

1. Respondió Moisés y dijo: "No van a creerme, ni escucharán mi voz; pues dirán: No se te ha aparecido Adonai".

2. Le dijo Adonai: "¿Qué tienes en tu mano?". "Un báculo", respondió él.

3. Adonai le dijo: "Échalo a tierra". Lo echó a tierra y se convirtió en serpiente; y Moisés huyó de ella.

4. Dijo Adonai a Moisés: "Extiende tu mano y agárrala por la cola". Extendió la mano, la agarró, y volvió a ser un báculo en su mano...

5. "Para que crean que se te ha aparecido Adonai, el Yahvé de sus padres, el Yahvé de Abraham, el Yahvé de Isaac y el Yahvé de Jacob".

6. Y añadió Adonai: "Mete tu mano en el pecho". Metió él la mano en su pecho y cuando la volvió a sacar estaba cubierta de lepra, blanca como la nieve.

7. Y le dijo: "Vuelve a meter la mano en tu pecho". La volvió a meter y, cuando la sacó de nuevo, estaba ya como el resto de su carne.

8. "Así pues, si no te creen ni escuchan la voz por la primera señal, creerán por la segunda.

9. Y si no creen tampoco por estas dos señales y no escuchan tu voz, tomarás agua del río y la derramarás en el suelo; y el agua que saques del río se convertirá en sangre sobre el suelo".

10. Dijo Moisés a Adonai: "¡Por favor, Señor! Yo no he sido nunca hombre de palabra fácil, ni aun después de haber hablado tú con tu siervo; sino que soy torpe de boca y de lengua".

11. Le respondió Adonai: "¿Quién ha dado al hombre la boca? ¿Quién hace al mudo y al sordo, al que ve y al ciego? ¿No soy yo, Adonai?

12. Así pues, vete, que yo estaré en tu boca y te enseñaré lo que debes decir".

13. Él replicó: "Por favor, envía a quien quieras".

14. Entonces se encendió la ira de Adonai contra Moisés, y le dijo: "¿No tienes a tu hermano Aarón el levita? Sé que él habla bien; he aquí que justamente ahora sale a tu encuentro, y al verte se alegrará su corazón.

15. Tú le hablarás y pondrás las palabras en su boca; yo estaré en tu boca y en la suya, y os enseñaré lo que habéis de hacer.

16. Él hablará por ti al pueblo, él será tu boca y tú serás su dios.

17. Toma también en tu mano este cayado, porque con él has de hacer las señales".

18. Moisés volvió y regresó a casa de Jetró, su suegro, y le dijo: "Con tu permiso, me vuelvo a ver a mis hermanos de Egipto para saber si viven todavía". Dijo Jetró a Moisés: "Vete en paz".

19. Adonai dijo a Moisés en Madián: "Anda, vuelve

a Egipto; pues han muerto todos los que buscaban tu muerte".

20. Tomó, pues, Moisés a su mujer y a su hijo y, montándolos sobre un asno, volvió a la tierra de Egipto. Tomó también Moisés el cayado de Yahvé en su mano.

21. Y dijo Adonai a Moisés: "Cuando vuelvas a Egipto, harás delante del Faraón todos los prodigios que yo he puesto en tu mano; yo, por mi parte, endureceré su corazón, y no dejará salir al pueblo.

22. Y dirás al Faraón: 'Así dice Adonai: Israel es mi hijo, mi primogénito'.

23. Yo te he dicho: Deja ir a mi hijo para que me dé culto, pero como tú no quieres dejarle partir, mira que yo voy a matar a tu hijo, a tu primogénito".

24. Y sucedió que en el camino le salió al encuentro Adonai en el lugar donde pasaba la noche y quiso darle muerte.

25. Tomó entonces Séfora un cuchillo de pedernal y, cortando el prepucio de su hijo, tocó los pies de Moisés, diciendo: "Tú eres para mí esposo de sangre".

26. Y Adonai le soltó; ella había dicho: "esposo de sangre", por la circuncisión.

27. Dijo Adonai a Aarón: "Vete al desierto al encuentro

de Moisés". Partió, pues, y le encontró en el monte de Yahvé y le besó.

28. Moisés contó a Aarón todas las palabras que Adonai le había encomendado y todas las señales que le había mandado hacer.

29. Fueron, pues, Moisés y Aarón y reunieron a todos los ancianos de los israelitas.

30. Aarón refirió todas las palabras que Adonai había dicho a Moisés, el cual hizo las señales delante del pueblo.

31. El pueblo creyó, y al oír que Adonai había visitado a los israelitas y había visto su aflicción, se postraron y adoraron.

ÉXODO 5, LAS QUEJAS DE MOISÉS

1. Después se presentaron Moisés y Aarón al Faraón y le dijeron: "Así dice Adonai, el Yahvé de Israel: Deja salir a mi pueblo para que me celebre una fiesta en el desierto".

2. Respondió el Faraón: "¿Quién es Adonai para que yo escuche su voz y deje salir a Israel? No conozco a Adonai y no dejaré salir a Israel".

3. Ellos dijeron: "El Yahvé de los hebreos se nos ha

aparecido; permite, pues, que vayamos camino de tres días al desierto para ofrecer sacrificios a Adonai, nuestro Yahvé, no sea que nos castigue con peste o espada".

4. El rey de Egipto les replicó: "¿Por qué vosotros, Moisés y Aarón, apartáis al pueblo de sus trabajos? Idos a vuestra tarea".

5. Y añadió el Faraón: "Ahora que el pueblo de esa región es numeroso ¿queréis interrumpir sus trabajos?".

6. Aquel mismo día dio el Faraón esta orden a los capataces del pueblo y a los escribas:

7. "Ya no daréis como antes paja al pueblo para hacer ladrillos; que vayan ellos mismos a buscársela.

8. Pero que hagan la misma cantidad de ladrillos que hacían antes, sin rebajarla; pues son unos perezosos. Y por eso claman diciendo: 'Vamos a ofrecer sacrificios a nuestro Yahvé'.

9. Que se aumente el trabajo de estos hombres para que estén ocupados en él y no den oídos a palabras mentirosas".

10. Salieron los capataces del pueblo diciendo: "Esto dice el Faraón: No os daré ya más paja;

11. id vosotros mismos a buscárosla donde la podáis hallar. Pero vuestra tarea no se disminuirá en nada".

12. Se esparció el pueblo por el país de Egipto en busca de rastrojo para emplearlo como paja.

13. Los capataces por su lado los apremiaban, diciendo: "Terminad la tarea que os ha sido fijada para cada día, como cuando había paja".

14. A los escribas de los israelitas, que los capataces del Faraón habían puesto al frente de aquellos, se les castigó, diciéndoles: "¿Por qué no habéis hecho, ni ayer ni hoy, la misma cantidad de ladrillos que antes?".

15. Los escribas de los israelitas fueron a quejarse al Faraón, diciendo: "¿Por qué tratas así a tus siervos?

16. No se da paja a tus siervos y sin embargo nos dicen: 'Haced ladrillos'. Y he aquí que tus siervos son castigados".

17. Él respondió: "Haraganes sois, grandes haraganes; por eso decís: 'Vamos a ofrecer sacrificios a Adonai'.

18. Pues, id a trabajar; no se os dará paja, y habéis de entregar la cantidad de ladrillos señalada".

19. Los escribas de los israelitas se vieron en grande aprieto, pues les ordenaron: "No disminuiréis vuestra producción diaria de ladrillos".

20. Se encontraron con Moisés y Aarón, que les estaban esperando a la salida de su entrevista con el Faraón,

21. y les dijeron: "Que Adonai os examine y que él os juzgue por habernos hecho odiosos al Faraón y a sus siervos y haber puesto la espada en sus manos para matarnos".

22. Se volvió entonces Moisés a Adonai y dijo: "Señor, ¿por qué maltratas a este pueblo? ¿por qué me has enviado?

23. Pues desde que fui al Faraón para hablarle en tu nombre está maltratando a este pueblo, y tú no haces nada por librarle".

ÉXODO 6, LA RESPUESTA DE ADONAI

1. Respondió Adonai a Moisés: "Ahora verás lo que voy a hacer con el Faraón; porque bajo fuerte mano tendrá que dejarles partir y bajo fuerte mano él mismo los expulsará de su territorio".

2. Habló Yahvé a Moisés y le dijo: "Yo soy Adonai.

3. Me aparecí a Abraham, a Isaac y a Jacob como El Shaddai; pero mi nombre de Adonai no se lo di a conocer.

4. También con ellos establecí mi alianza, para darles la tierra de Canaán, la tierra en que peregrinaron y en la que moraron como forasteros.

5. Y ahora, al oír el gemido de los israelitas, reducidos a esclavitud por los egipcios, he recordado mi alianza.

6. Por tanto, di a los hijos de Israel: Yo soy Adonai; Yo os libertaré de los duros trabajos de los egipcios, os libraré de su esclavitud y os salvaré con brazo tenso y castigos grandes.

7. Yo os haré mi pueblo, y seré vuestro Yahvé; y sabréis que yo soy Adonai, vuestro Yahvé, que os sacaré de la esclavitud de Egipto.

8. Yo os introduciré en la tierra que he jurado dar a Abraham, a Isaac y a Jacob, y os la daré en herencia. Yo, Adonai".

9. Moisés dijo esto a los israelitas; pero ellos no escucharon a Moisés, consumidos por la dura servidumbre.

10. Entonces Adonai habló a Moisés diciendo:

11. "Ve a hablar con el Faraón, rey de Egipto, para que deje salir a los israelitas fuera de su territorio".

12. Respondió Moisés ante Adonai: "Si los israelitas no escuchan. ¿cómo me va a escuchar el Faraón, a mí que soy torpe de palabra?".

13. Pero Adonai habló a Moisés y a Aarón, y les dio órdenes para los israelitas y para el Faraón, rey de Egipto, a fin de sacar del país de Egipto a los israelitas.

En los versículos siguientes aparece la genealogía de los hebreos que ya eran judíos antes de ser judíos, y hebreos antes de ser hebreos, para justificar su unión cuasi divina ante el asedio del faraón, aunque solo Moisés y Aarón eran los responsables de luchar dialécticamente y sacarlos de Egipto.

26. Estos son, pues, aquel Aarón y aquel Moisés a quienes dijo Adonai: "Sacad a los israelitas de la tierra de Egipto en orden de campaña".

27. Estos son los que hablaron al Faraón, rey de Egipto, para sacar de Egipto a los israelitas. Estos son Moisés y Aarón.

28. El día en que Adonai habló a Moisés en el país de Egipto,

29. le dijo: "Yo soy Adonai; di al Faraón, rey de Egipto, cuanto yo te diga".

30. Moisés respondió ante Adonai: "Siendo yo torpe de palabra, ¿cómo me va a escuchar el Faraón?".

ÉXODO 7, COMIENZAN LAS PLAGAS

1 Dijo Adonai a Moisés: "Mira que te he constituido como dios ante el Faraón, y que Aarón, tu hermano, será tu profeta;

2. tú le dirás cuanto yo te mande; y Aarón, tu hermano, se lo dirá al Faraón, para que deje salir de su país a los israelitas.

3. Yo, por mi parte, endureceré el corazón del Faraón, y multiplicaré mis señales y mis prodigios en el país de Egipto.

4. El Faraón no os escuchará, pero yo pondré mi mano sobre Egipto y sacaré de la tierra de Egipto a mi ejército, mi pueblo, los israelitas, a fuerza de duros castigos.

5. Y los egipcios reconocerán que yo soy Adonai, cuando extienda mi mano sobre Egipto y saque de en medio de ellos a los hijos de Israel".

6. Moisés y Aarón hicieron lo que les mandó Adonai.

7. Tenía Moisés 80 años, y Aarón 83 cuando hablaron al Faraón.

8. Habló Adonai a Moisés y Aarón, y dijo:

9. "Cuando el Faraón os diga: Haced algún prodigio, dirás a Aarón: Toma tu báculo y échalo delante del Faraón, y que se convierta en serpiente".

10. Se presentaron Moisés y Aarón ante el Faraón, e hicieron lo que Adonai había ordenado: Aarón echó su báculo delante del Faraón y de sus servidores, y se convirtió en serpiente.

11. También el Faraón llamó a los sabios y a los hechiceros, y también ellos, los sabios egipcios, hicieron con sus encantamientos las mismas cosas.

12. Echó cada cual su vara, y se trocaron en serpientes; pero el báculo de Aarón devoró sus varas.

13. Sin embargo el corazón del Faraón se endureció, y no les escuchó, conforme había predicho Adonai.

14. Entonces dijo Adonai a Moisés: "El corazón del Faraón es obstinado; se niega a dejar salir al pueblo.

15. Preséntate al Faraón por la mañana, cuando vaya a la ribera. Le saldrás al encuentro a la orilla del río, llevando en tu mano el cayado que se convirtió en serpiente.

16. Y le dirás: 'Adonai, el Yahvé de los hebreos, me ha enviado a ti para decirte: Deja partir a mi pueblo, para que me den culto en el desierto'; pero hasta el presente no has escuchado.

17. Así dice Adonai: En esto conocerás que yo soy Adonai: Mira que voy a golpear con el báculo que tengo en la mano las aguas del río, y se convertirán en sangre.

18. Los peces del río morirán, y el río quedará apestado de modo que los egipcios no podrán ya beber agua del río".

19. Adonai dijo a Moisés: "Di a Aarón: Toma tu báculo, y extiende tu mano sobre las aguas de Egipto, sobre sus canales, sobre sus ríos, sobre sus lagunas y sobre todos sus depósitos de agua. Se convertirán en sangre; y habrá sangre en toda la tierra de Egipto, hasta en los árboles y la piedras".

20. Moisés y Aarón hicieron lo que Adonai les había mandado: alzó el cayado y golpeó las aguas que hay en el río en presencia del Faraón y de sus servidores, y todas las aguas del río se convirtieron en sangre.

21. Los peces del río murieron, el río quedó apestado de modo que los egipcios nos pudieron beber el agua del río; hubo sangre en todo el país de Egipto.

22. Pero lo mismo hicieron con sus encantamientos los magos de Egipto; y el corazón del Faraón se endureció y no les escuchó, como había dicho Adonai.

23. Se volvió el Faraón y entró en su casa sin hacer caso de ello.

24. Y todos los egipcios tuvieron que cavar en los alrededores del río en busca de agua potable, porque no podían beber las aguas del río.

25. Pasaron siete días desde que Adonai hirió el río.

ÉXODO 8, EL CORAZÓN QUE SE ENDURECE

1. Dijo Adonai a Moisés: "Di a Aarón: Extiende tu mano con tu cayado sobre los canales, sobre los ríos y sobre las lagunas, y haz que suban las ranas sobre la tierra de Egipto".

2. Aarón extendió su mano sobre las aguas de Egipto; subieron la ranas y cubrieron la tierra de Egipto.

3. Pero los magos hicieron lo mismo con sus encantamientos, e hicieron subir las ranas sobre la tierra de Egipto.

4. El Faraón llamó a Moisés y a Aarón y dijo: "Pedid a Adonai que aparte las ranas de mí y de mi pueblo, y yo dejaré salir al pueblo para que ofrezca sacrificios a Adonai".

5. Respondió Moisés al Faraón: "Dígnate indicarme cuándo he de rogar por ti, por tus siervos y por tu pueblo, para que se alejen las ranas de ti y de tus casas, y queden solamente en el río".

6. "Mañana", contestó el. Replicó Moisés: "Será conforme a tu palabra, para que sepas que no hay como Adonai, nuestro Yahvé.

7. Las ranas se apartarán de ti, de tus casas, de tus siervos y de tu pueblo, y quedarán solo en el río".

8. Salieron Moisés y Aarón de la presencia del Faraón. Invocó Moisés a Adonai acerca de las ranas que afligían al Faraón

9. y Adonai hizo lo que Moisés pedía: murieron las ranas de las casas, de los patios y de los campos.

10. Las juntaron en montones y el país apestaba.

11. Pero el Faraón viendo que tenía este respiro, endureció su corazón, y no les escuchó como había predicho Adonai.

12. Dijo Adonai a Moisés: "Di a Aarón: extiende tu cayado y golpea el polvo de la tierra que se convertirá en mosquitos sobre todo el país de Egipto".

13. Así lo hicieron: "Aarón extendió su mano con el báculo y golpeó el polvo de la tierra; y hubo mosquitos sobre los hombres y sobre los ganados. Todo el polvo de la tierra se convirtió en mosquitos sobre todo el país de Egipto".

14. Los magos intentaron con sus encantamientos hacer salir mosquitos, pero no pudieron. Hubo, pues, mosquitos sobre hombres y ganados.

15. Dijeron los magos al Faraón: "¡es el dedo de Yahvé!". Pero el corazón del Faraón se endureció, y no les escuchó, como había dicho Adonai.

16. Adonai dijo a Moisés: "Levántate muy de mañana, preséntate al Faraón cuando vaya a la ribera, y dile: Así dice Adonai. Deja salir a mi pueblo, para que me dé culto.

17. Si no dejas salir a mi pueblo, mira que voy a enviar tábanos contra ti, contra tus siervos, tu pueblo y tus casas, de manera que las casas de los egipcios y hasta el suelo sobre el cual están se llenarán de tábanos.

18. Pero exceptuaré ese día la región de Gosen, donde está mi pueblo, para que no haya allí tábanos, a fin de que sepas que yo soy Adonai. En medio de la tierra

19. haré distinción entre mi pueblo y el tuyo. Este prodigio sucederá mañana".

20. Así lo hizo Adonai, y un enorme enjambre de tábanos vino sobre la casa del Faraón y la casas de sus siervos; y toda la tierra de Egipto; la tierra fue devastada por los tábanos.

21. Entonces llamó el Faraón a Moisés y a Aarón y les dijo: "Id y ofreced sacrificios a vuestro Yahvé en este país".

22. Moisés respondió: "No conviene que se haga así, porque el sacrificio que ofrecemos a Adonai, nuestro Yahvé, es abominación para los egipcios. ¿No nos apedrearían los egipcios si ofreciéramos ante sus ojos un sacrificio que para ellos es abominable?

23. Iremos tres jornadas de camino por el desierto, y allí ofreceremos sacrificios a Adonai, nuestro Yahvé, según él nos ordena".

24. Contestó el Faraón: "Os dejaré ir, para que ofrezcáis en el desierto sacrificios a Adonai, vuestro Yahvé, con tal que no vayáis demasiado lejos. Rogad por mí".

25. Moisés respondió: "En cuanto salga rogaré a Adonai, y mañana los tábanos se alejarán de Faraón, de sus siervos y de su pueblo; pero que no nos siga engañando Faraón, impidiendo que el pueblo vaya a ofrecer sacrificios a Adonai".

26. Salió, pues, Moisés de la presencia del Faraón, y rogó a Adonai.

27. Hizo Adonai lo que Moisés pedía, y alejó los tábanos del Faraón, de sus siervos y de su pueblo, sin quedar ni uno.

28. Pero también esta vez endureció el Faraón su corazón y no dejó salir al pueblo.

ÉXODO 9, LAS PLAGAS QUE NO CESAN

1. Adonai dijo a Moisés: "Preséntate a Faraón y dile: Así dice Adonai, el Yahvé de los hebreos. Deja salir a mi pueblo para que me den culto.

2. Si te niegas a dejarles salir y los sigues reteniendo,

3. mira que la mano de Adonai caerá sobre tus ganados del campo, sobre los caballos, sobre los asnos, sobre los camellos, sobre la vacadas y sobre las ovejas; habrá una grandísima peste.

4. Pero Adonai hará distinción entre el ganado de Israel y el ganado de los egipcios, de modo que nada perecerá de lo perteneciente a Israel".

5. Y Adonai fijó el plazo, diciendo: "Mañana hará esto Adonai en el país".

6. Al día siguiente cumplió Adonai su palabra y murió todo el ganado de los egipcios; mas del ganado de los israelitas no murió ni una sola cabeza.

7. El Faraón mandó hacer averiguaciones, y se vio que del ganado de Israel no había muerto ni un solo animal. Sin embargo, se endureció el corazón del Faraón y no dejó salir al pueblo.

8. Dijo Adonai a Moisés y a Aarón: "Tomad dos grandes puñados de hollín de horno, y que Moisés lo lance hacia el cielo, en presencia del Faraón;

9. se convertirá en polvo fino sobre todo el territorio de Egipto, y formará erupciones pustulosas, en hombres y ganados, por toda la tierra de Egipto.

10. Tomaron, pues, hollín de horno y presentándose ante el Faraón, lo lanzó Moisés hacia el cielo, y hubo erupciones pustulosas en hombres y ganados.

11. Ni los magos pudieron permanecer delante de Moisés a causa de las erupciones; pues los magos tenían las mismas erupciones que todos los egipcios.

12. Pero Adonai endureció el corazón del Faraón, que nos les escuchó, según Adonai había dicho a Moisés.

13. Dijo Adonai a Moisés: "Levántate de mañana, preséntate al Faraón y dile: Así dice Adonai, el Yahvé de los hebreos. Deja salir a mi pueblo para que me den culto.

14. Porque esta vez voy a enviar todas mis plagas sobre ti, sobre tus siervos y sobre tu pueblo para que sepas que no hay como yo en toda la tierra.

15. Si yo hubiera extendido mi mano y te hubiera herido a ti y a tu pueblo con peste, ya habrías desaparecido de la tierra;

16. pero te he dejado con vida, para hacerte ver mi poder, y para que sea celebrado mi nombre sobre toda la tierra.

17. Tú te opones todavía a mi pueblo, para no dejarle salir.

18. Pues mira que mañana, a esta hora, haré llover una granizada tan fuerte, como no hubo otra en Egipto desde el día en que fue fundado hasta el presente.

19. Ahora, pues, manda poner a salvo tu ganado y cuanto tienes en el campo; porque el granizo descargará sobre todos los hombres y animales que se hallan en el campo, y cuantos no se hayan recogido bajo techumbre perecerán".

20. Aquellos de los siervos del Faraón que temieron la palabra de Adonai pusieron al abrigo a sus siervos y a su ganado;

21. mas los que no hicieron caso de la palabra de Adonai, dejaron en el campo a sus siervos y su ganado.

22. Dijo Adonai a Moisés: "Extiende tu mano hacia el cielo, y que caiga granizo en toda la tierra de Egipto, sobre los hombres, sobre los ganados y sobre todas las hierbas del campo que hay en la tierra de Egipto".

23. Extendió Moisés su cayado hacia el cielo, y Adonai envió truenos y granizo; cayeron rayos sobre la tierra, y Adonai hizo llover granizo sobre el país de Egipto.

24. El granizo y los rayos mezclados con el granizo cayeron con fuerza tan extraordinaria que nunca hubo semejante en toda la tierra de Egipto desde que comenzó a ser nación.

25. El granizo hirió cuanto había en el campo en todo el país de Egipto, desde los hombres hasta los ganados. El granizo machacó también toda la hierba del campo, y quebró todos sus árboles.

26. Tan solo en la región de Gosen, donde habitaban los israelitas, no hubo granizo.

27. El Faraón hizo llamar a Moisés y a Aarón y les dijo: "Ahora sí, he pecado; Adonai es el justo, y yo y mi pueblo somos inicuos.

28. Rogad a Adonai que cesen ya los truenos y el granizo; y os dejaré salir. No tendréis que quedaros más tiempo aquí".

29. Moisés le respondió: "Cuando salga de la ciudad extenderé mis manos hacia Adonai, cesarán los truenos, y no habrá más granizo, para que sepas que la tierra es de Adonai.

30. Pero bien sé que ni tú ni tus siervos teméis todavía a Adonai, Yahvé".

31. Fueron destrozados el lino y la cebada, pues la cebada estaba ya en espiga, y el lino en flor.

32. El trigo y la espelta no fueron destrozados por ser tardíos.

33. Dejando al Faraón, salió Moisés de la ciudad, ex-

tendió las manos hacia Adonai, y cesaron los truenos y granizos, y no cayó más lluvia sobre la tierra.

34. Cuando el Faraón vio que había cesado la lluvia, el granizo y los truenos, volvió a pecar, endureciendo su corazón, tanto él como sus siervos.

35. Se enfureció el corazón del Faraón y no dejó salir a los israelitas como Adonai había dicho por boca de Moisés.

Éxodo 10, el corazón se ablanda

1. Dijo Adonai a Moisés: "Ve al Faraón, porque he endurecido su corazón y el corazón de sus siervos, para obrar estas señales mías en medio de ellos;

2. y para que puedas contar a tu hijo, y al hijo de tu hijo, cómo me divertí con Egipto y las señales que realicé entre ellos, y sepáis que yo soy Adonai".

3. Fueron, pues, Moisés y Aarón donde el Faraón y le dijeron: "Así dice Adonai, el Yahvé de los hebreos: ¿Hasta cuándo te resistirás a humillarte ante mí? Deja salir a mi pueblo para que me dé culto.

4. Si te niegas a dejar salir a mi pueblo, mira que mañana traeré langostas sobre tu territorio;

5. y cubrirán la superficie del país, de suerte que ni

podrá verse el suelo. Devorarán lo que os quedó de la granizada, y comerán todos los árboles que os crecen en el campo.

6. Llenarán tus casas, las casas de todos los egipcios, como nunca vieron tus padres ni los padres de tus padres, desde el día en que existieron sobre la tierra hasta el día de hoy". Y retirándose salió de la presencia del Faraón.

7. Dijeron entonces al Faraón sus siervos: "¿Hasta cuándo ha de ser este hombre causa de nuestra ruina? Deja salir a esa gente y que den culto a Adonai, su Yahvé. ¿Te darás cuenta a tiempo de que Egipto se pierde?".

8. Hicieron, pues, volver a Moisés y a Aarón a la presencia del Faraón; el cual les dijo: "Id a dar culto a Adonai, vuestro Yahvé. ¿Quiénes van a ir?".

9. Respondió Moisés: "Saldremos con nuestros niños y nuestros ancianos, con nuestros hijos y nuestras hijas, con nuestras ovejas y nuestras vacadas; porque es nuestra fiesta de Adonai".

10. Les contestó: "¡Así esté Adonai con vosotros como voy a dejaros salir con vuestros pequeños! Ved cómo a la vista están vuestras malas intenciones.

11. No será así; salid si queréis los varones solos y dad culto a Adonai, pues eso es lo que buscabais". Y fueron echados de la presencia del Faraón.

12. Adonai dijo a Moisés: "Extiende tu mano sobre la tierra de Egipto para que venga la langosta; que suba sobre el país de Egipto y coma toda la hierba del país, todo lo que dejó el granizo".

13. Moisés extendió su cayado sobre la tierra de Egipto; y Adonai hizo soplar el solano sobre el país todo aquel día y toda la noche. Y cuando amaneció, el solano había traído la langosta.

14. La langosta invadió todo el país de Egipto, y se posó en todo el territorio egipcio, en cantidad tan grande como nunca había habido antes tal plaga de langosta ni la habría después.

15. Cubrieron toda la superficie del país hasta oscurecer la tierra; devoraron toda la hierba del país y todos los frutos de los árboles que el granizo había dejado; no quedó nada verde ni en los árboles ni en las hierbas del campo en toda la tierra de Egipto.

16. Entonces el Faraón llamó a toda prisa a Moisés y a Aarón, y dijo: "He pecado contra Adonai, vuestro Yahvé, y contra vosotros.

17. Ahora, pues, perdonad por favor mi pecado, siquiera por esta vez; rogad a Adonai, vuestro Yahvé, que aparte de mí al menos esta mortandad".

18. Salió Moisés de la presencia del Faraón y rogó a Adonai.

19. Adonai hizo que soplara con gran violencia un viento del mar que se llevó la langosta y la echó al mar de Suf. No quedó ni una langosta en todo el territorio de Egipto.

20. Pero Adonai endureció el corazón del Faraón, que no dejó salir a los israelitas.

21. Adonai dijo a Moisés: "Extiende tu mano hacia el cielo, y haya sobre la tierra de Egipto tinieblas que puedan palparse".

22. Extendió, pues, Moisés su mano hacia el cielo, y hubo por tres días densas tinieblas en todo el país de Egipto.

23. No se veían unos a otros, y nadie se levantó de su sitio por espacio de tres días, mientras que todos los israelitas tenían luz en sus moradas.

24. Llamó el Faraón a Moisés y dijo: "Id y dad culto a Adonai; que se queden solamente vuestras ovejas y vuestras vacadas. También vuestros pequeños podrán ir con vosotros".

25. Respondió Moisés: "Nos tienes que conceder también sacrificios y holocaustos, para que los ofrendemos a Adonai, nuestro Yahvé.

26. También nuestro ganado ha de venir con nosotros.

No quedará ni una pezuña; porque de ellos hemos de tomar para dar culto a Adonai, nuestro Yahvé. Y no sabemos todavía qué hemos de ofrecer a Adonai hasta que lleguemos allá".

27. Adonai endureció el corazón del Faraón, que no quiso dejarles salir.

28. Y dijo el Faraón a Moisés: "¡Retírate de mi presencia! ¡Guárdate de volver a ver mi rostro, pues el día en que veas mi rostro, morirás!".

29. Respondió Moisés: "Tú lo has dicho: no volveré a ver tu rostro".

ÉXODO II, LA VENGANZA DE ADONAI

1. Dijo Adonai a Moisés: "Todavía traeré una plaga más sobre el Faraón y sobre Egipto; tras de lo cual os dejará marchar de aquí y cuando, por fin, os deje salir del país, él mismo os expulsará de aquí.

2. Habla, pues, al pueblo y que cada hombre pida a su vecino, y cada mujer a su vecina, objetos de plata y objetos de oro".

3. Adonai hizo que el pueblo se ganase el favor de los egipcios. Además, Moisés era un gran personaje en la tierra de Egipto, tanto a los ojos de los servidores del Faraón como a los ojos del pueblo.

4. Moisés dijo: "Así dice Adonai, hacia media noche pasaré yo a través de Egipto;

5. y morirá en el país de Egipto todo primogénito, desde el primogénito de Faraón que se sienta en su trono hasta el primogénito de la esclava encargada de moler, así como todo primer nacido del ganado.

6. Y se elevará en todo el país de Egipto un alarido tan grande como nunca lo hubo, ni lo habrá.

7. Pero entre los israelitas ni siquiera un perro ladrará ni contra hombre ni contra bestia; para que sepáis cómo Adonai hace distinción entre Egipto e Israel.

8. Entonces vendrán a mí todos estos siervos tuyos y se postrarán delante de mí, diciendo: Sal, tú y todo el pueblo que te sigue. Y entonces, saldré". Y, ardiendo en cólera, salió de la presencia del Faraón.

9. Y dijo Adonai a Moisés: "No os escuchará el Faraón, para que así pueda yo multiplicar mis prodigios en la tierra de Egipto".

10. Moisés y Aarón obraron todos estos prodigios ante el Faraón; pero Adonai endureció el corazón del Faraón, que no dejó salir de su país a los israelitas.

ÉXODO 12, EL FINAL DE LOS FINALES

1. Dijo Adonai a Moisés y Aarón en el país de Egipto:

2. "Este mes será para vosotros el comienzo de los meses; será el primero de los meses del año.

3. Hablad a toda la comunidad de Israel y decid: El día diez de este mes tomará cada uno para sí una res de ganado menor por familia, una res de ganado menor por casa.

4. Y si la familia fuese demasiado reducida para una res de ganado menor, traerá al vecino más cercano a su casa, según el número de personas y conforme a lo que cada cual pueda comer.

5. El animal será sin defecto, macho, de un año. Lo escogeréis entre los corderos o los cabritos.

6. Lo guardaréis hasta el día catorce de este mes; y toda la asamblea de la comunidad de los israelitas lo inmolará entre dos luces.

7. Luego tomarán la sangre y untarán las dos jambas y el dintel de las casas donde lo coman.

8. En aquella misma noche comerán la carne. La comerán asada al fuego, con ázimos y con hierbas amargas.

9. Nada de él comeréis crudo ni cocido, sino asado, con su cabeza, sus patas y sus entrañas.

10. Y no dejaréis nada de él para la mañana; lo que sobre al amanecer lo quemaréis.

11. Así lo habéis de comer: ceñidas vuestras cinturas, calzados vuestros pies, y el bastón en vuestra mano; y lo comeréis de prisa. Es Pascua de Adonai.

12. Yo pasaré esta noche por la tierra de Egipto y heriré a todos los primogénitos del país de Egipto, desde los hombres hasta los ganados, y me tomaré justicia de todos los dioses de Egipto. Yo, Adonai.

13. La sangre será vuestra señal en las casas donde moráis. Cuando yo vea la sangre pasaré de largo ante vosotros, y no habrá entre vosotros plaga exterminadora cuando yo hiera el país de Egipto.

14. Este será un día memorable para vosotros, y lo celebraréis como fiesta en honor de Adonai de generación en generación. Decretaréis que sea fiesta para siempre.

15. Durante siete días comeréis ázimos; ya desde el primer día quitaréis de vuestras casas la levadura. Todo el que desde el día primero hasta el día séptimo coma pan fermentado, ese tal será exterminado de en medio de Israel.

16. El primer día tendréis reunión sagrada; también el

día séptimo os reuniréis en reunión sagrada. Ningún trabajo se hará en esos días, salvo la comida para cada uno. Esto es lo único que podréis hacer.

17. Guardad la fiesta de los ázimos, porque en ese mismo día saqué yo vuestros ejércitos de la tierra de Egipto. Guardad este día de generación en generación como decreto perpetuo.

18. Comeréis ázimos en el mes primero, desde la tarde del día catorce del mes hasta la tarde del día veintiuno.

19. No habrá levadura en vuestras casas por espacio de siete días; todo aquel que coma algo fermentado, sea forastero o natural del país, será exterminado de la comunidad de Israel.

20. No comeréis nada fermentado; en todo lugar donde habitéis, comeréis ázimos".

21. Llamó Moisés a todos los ancianos de Israel y les dijo: "Id en busca de reses menores para vuestras familias e inmolad la pascua.

22. Tomaréis un manojo de hisopo, lo mojaréis en la sangre que está en la vasija y untaréis el dintel y las dos jambas con la sangre de la vasija; y ninguno de vosotros saldrá de la puerta de su casa hasta la mañana.

23. Adonai pasará y herirá a los egipcios, pero al ver la sangre en el dintel y en las dos jambas, pasará de largo

por aquella puerta y no permitirá que el Exterminador entre en vuestras casas para herir.

24. Guardad este mandato como decreto perpetuo para vosotros y vuestros hijos.

25. También guardaréis este rito cuando entréis en la tierra que os dará Adonai, según su promesa.

26. Y cuando os pregunten vuestros hijos: '¿Qué significa para vosotros este rito?',

27. responderéis que este es el sacrificio de la Pascua de Adonai, que pasó de largo por las casas de los israelitas en Egipto cuando hirió a los egipcios y salvó nuestras casas". Entonces el pueblo se postró para adorar.

28. Fueron los israelitas e hicieron lo que había mandado Adonai a Moisés y a Aarón; así lo hicieron.

29. Y sucedió que, a media noche, Adonai hirió en el país de Egipto a todos los primogénitos, desde el primogénito del Faraón, que se sienta sobre su trono, hasta el primogénito del preso en la cárcel, y a todo primer nacido del ganado.

30. Se levantó el Faraón aquella noche, con todos sus servidores y todos los egipcios; y hubo grandes alaridos en Egipto, porque no había casa donde no hubiese un muerto.

31. Llamó el Faraón a Moisés y a Aarón, durante la noche, y les dijo: "Levantaos y salid de en medio de mi pueblo, vosotros y los israelitas, e id a dar culto a Adonai, como habéis dicho.

32. Tomad también vuestros rebaños y vuestras vacadas, como dijisteis. Marchaos y bendecidme también a mí".

33. Los egipcios por su parte instaban al pueblo para acelerar su salida del país, pues decían. "Vamos a morir todos".

34. Tomó, pues, el pueblo la masa, antes que fermentara y, envolviendo en los mantos las artesas de la harina, se las cargaron a hombros.

35. Los israelitas hicieron lo que les dijo Moisés y pidieron a los egipcios objetos de plata, objetos de oro y vestidos.

36. Adonai hizo que el pueblo se ganara el favor de los egipcios, los cuales se los prestaron. Así despojaron a los egipcios.

37. Los israelitas partieron de Ramsés hacia Sukkot, unos 600.000 hombres de a pie, sin contar los niños.

38. Salió también con ellos una muchedumbre abigarrada y grandes rebaños de ovejas y vacas.

39. De la masa que habían sacado de Egipto cocieron tortas ázimas, porque no había fermentado todavía; pues al ser echados de Egipto no pudieron tomar víveres ni provisiones para el camino.

40. Los israelitas estuvieron en Egipto 430 años.

41. El mismo día que se cumplían los 430 años, salieron de la tierra de Egipto todos los ejércitos de Adonai.

42. Noche de guardia fue esta para Adonai, para sacarlos de la tierra de Egipto. Esta misma noche será la noche de guardia en honor de Adonai para todos los israelitas, por todas sus generaciones.

43. Dijo Adonai a Moisés y a Aarón: "Estas son las normas sobre la Pascua: no comerá de ella ningún extranjero.

44. Todo siervo, comprado por dinero, a quien hayas circuncidado, podrá comerla.

45. Pero el residente y el jornalero no la comerán.

46. Se ha de comer dentro de casa; no sacaréis fuera de casa nada de carne, ni le quebraréis ningún hueso.

47. Toda la comunidad de Israel la celebrará.

48. Si un forastero que habita contigo quiere celebrar la Pascua de Adonai, que se circunciden todos sus va-

rones, y entonces podrá acercarse para celebrarla, pues será como los nativos; pero ningún incircunciso podrá comerla.

49. Una misma ley habrá para el nativo y para el forastero que habita en medio de vosotros".

50. Así lo hicieron todos los israelitas. Tal como había mandado Adonai a Moisés y a Aarón, así lo hicieron.

51. Y en aquel mismo día sacó Adonai del país de Egipto a los israelitas en orden de campaña.

"Más vale morir de sed y hambre en el desierto siendo libres, que vivir cómodamente y con mesa opípara siendo esclavos".

De esa manera, muchas tribus que trabajaban para los egipcios se convirtieron en seguidores de Yahvé Adonai, algunos de ellos de la casa de Jacob y de Abraham, y por lo tanto con sangre de Adán y Eva, los cuales, con el tiempo, fundaron el Reino de Israel divido en dos, el levita y el de Judea, para reunificarlo tras el regreso de Babilonia a las tierras de Canaán, siendo ya el pueblo judío elegido por Yahvé para conquistar y dominar el mundo entero, según sus propias profecías.

Para algunos con el Éxodo se reconocen como judíos a otros pueblos más allá de la estirpe de Jacob, Abraham o José, a cambio de entregar su fe por agradecimiento a Yahvé, que los salvó de los egipcios y los liberó de su cautiverio, renegando así de la idolatría, por ejemplo, al Becerro de Oro, al que muchos tomaban por Yahvé mismo.

El Becerro de Oro, ¿el mismo Yahvé?

Yahvé niega ser el Becerro de Oro y castiga con saña a los que idolatran a las figuras, ya sean de oro, de piedra o de yeso, una ley que aún se sigue en el Islam y en las sectas cristianas protestantes, pero no en la Iglesia católica, donde es frecuente ver la figura del Becerro de Oro en algunos adornos del atrio, así como toda clase de figuras de madera y escayola que representan a Cristo, Dios, la Virgen, los santos, los ángeles y todo tipo de mártires y personajes bíblicos, como Moisés mismo, con todo y aureola o rayos (cuernos) que le salen de la frente, algo que el judaísmo rechaza completamente.

La diáspora

Cada vez que el pueblo judío fue apartado de las tierras de Canaán, sufrió una diáspora, tanto cuando se fue a vivir a Egipto para trabajar a las órdenes de José, y luego del Faraón (no se sabe cuál de todos ellos, aunque el nombre de Ramsés aparece en el libro del Éxodo), como cuando fueron los asirios los que se los llevaron a Nínive, al igual que cuando los acadios los desplazaron a Babilonia; sin embargo, el más importante fue cuando Roma los conquistó en el 63 después de la era romana, que es la nuestra, y el reino que los dominaba era el Hasmoneo descendiente de los macabeos, como reclaman los palestinos de ahora, aunque sin echarlos del territorio y dándoles cierta autonomía social y religiosa, con lo que la llegada de los romanos, que sí los reprimió, fue un duro golpe, además de que muchos judíos emigraron a Roma en busca de mejores condiciones de vida.

El Pueblo Elegido echado fuera de Canaán

Los esenios, o rebeldes judíos, se enfrentaron a los romanos durante décadas, pero sin éxito, y para el 135 de nuestra era, el emperador Adriano los redujo del todo haciendo desaparecer prácticamente lo que fue un día el Reino de Israel, para dar lugar al reino de Siria-Palestina, donde quedaron muy pocos judíos, pues los romanos les prohibieron vivir ahí.

A partir de entonces, y como se los había vaticinado el mismo Yahvé, las comunidades judías han vivido en la diáspora, o dispersión, hasta 1947, cuando Inglaterra los instaló en las tierras sirias palestinas, más no todo lo que fue Canaán, para que fundaran el nuevo Estado de Israel, y así sintieran que recuperaban parte de la Tierra Prometida, aunque muchos señalen que en realidad solo les dieron ese territorio, y no otro en África, para que fungieran de punta de lanza de Occidente en el conflictivo Medio Oriente, para detener y contener el avance del Islam.

Durante casi dos mil años los judíos han sido perseguidos, orillados, apartados, deportados, exiliados y hasta masacrados por el resto de la humanidad, por lo que unos dicen que, además del castigo de Yahvé, los otros pueblos les han tenido celos y envidia por ser el Pueblo Elegido y contar con el único Dios Verdadero de este planeta, y quizá también de otros mundos, pues ellos, aunque perseguidos, alcanzaran la gloria, mientras que el resto, los gentiles, no tendrán la más mínima oportunidad de trascender y acceder al Reino de los Cielos.

Mi amigo Omar, judío ortodoxo nacido en Chile, dice que los han echado de todos lados desde el principio de los tiempos, simple y llanamente porque nadie los aguanta, aunque se les debe aplaudir su resistencia y su capacidad de aparecer ante el mundo como un pueblo unido por la fe y la identidad, a pesar de que internamente son una comunidad tan dividida como el resto del mundo, ya que, y por ejemplo, no existe una verdadera hermandad entre los judíos levitas y el resto de las tribus de Israel, y mucho menos con los judíos ortodoxos, muchos de los cuales y a pesar de la diáspora y la persecución romana, nunca abandonaron Jerusalén.

Moisés con rayos en la frente

Epílogo
La fe como medio de unión y pervivencia

La identidad
es una ilusión
que le da al ego
la sensación de ser algo,
cuando en realidad es nada
de nada.
Bodhidharma

Se podría decir que casi todos los occidentales somos algo judíos en cierta forma o de una o de otra manera, pues tenemos a su divinidad en la boca, aunque le llamemos Dios o Alá en lugar de Yahvé o Adonai; celebramos sus ritos y fiestas disfrazados de ritos y fiestas católicas, musulmanas o cristianas; seguimos muchas de sus leyes y cometemos los mismos pecados; mitológicamente todos los nuestros van al cielo y nunca al infierno; castigamos al pobre y le damos impunidad y hasta reconocimiento al rico o al poderoso; el 98% de la humanidad, occidental u oriental, es creyente, y los que no lo son, o fingen serlo o guardan silencio para no ser señalados o incluso perseguidos y encarcelados por ser reos de condenación.

Las mitologías y las religiones son, sin duda, un pegamento social que une criterios, comportamientos e identidades. Unas son más abiertas y permeables que otras, pero todas se creen o se sienten dueñas de la verdad espiritual.

La mitología judía ha sido poco permeable a lo largo de los siglos, sectaria y secretista, pero al mismo tiempo resistente y creativa, por lo que ha influido en el resto de la humanidad con grandes hombres, poetas, científicos, artistas y genios en sus respectivas profesiones; si bien es cierto que muchos de ellos le deben más su fama a la publicidad, la cinematografía y al poder económico de otros judíos, más que a sus virtudes, aunque las tengan o no.

Lo mismo sucede con los católicos y los cristianos, que le dan fama a quien se proponen que la tenga, y se olvidan convenientemente del resto.

"No hay verdaderos genios en la humanidad, sino verdaderos publicitados".

"Gallina que no cacarea el huevo que pone, nunca se hace famosa".

Hay pequeñas y grandes mafias en la ciencia y en el arte, a veces sectarias y religiosas, y a veces laicas, pero mafias al fin y al cabo que solo le dan cabida a los suyos, y el judaísmo ha sido un buen ejemplo de ello, pues muchas veces se vieron casi obligados a mandar o a medrar desde las sombras, el segundo plano, mientras servían a poderosos señores de otras religiones.

Incluso dentro de las mismas tribus de Israel hay favoritismos y parcialidades, pobres y ricos, poderosos y subsidiarios, levitas y belitas, según mi amigo Hans, al que no le dejaban entrar a las sinagogas o balnearios de los judíos poderosos de México, llegando incluso a golpearlo por intentarlo.

Los judíos de Inglaterra, Holanda y USA, no son lo mismo que los sefardíes (judíos españoles) o los askenazis (judíos de Alemania, Polonia y Rusia) en cuanto a poder, riqueza, beneficios y fama por su labor, tanto, que muchos de los judíos de la élite jamás fueron tocados por el régimen nazi, y hasta se sospecha que participaron en la represión y posible aniquilación del resto de los judíos, porque total, también estaban malditos por Yahvé y merecían la peor de las suertes, mientras que los levitas eran los elegidos entre los elegidos, y por lo tanto salvos y sagrados desde el principio de los tiempos.

A pesar de todo, ser judío es ser elegido de Yahvé, y aunque ha habido ciertos cambios y alguna que otra nueva celebración, como el Hanuka, lo "navidad judía" celebrada el tercer mes del calendario hebreo, que no aparecen en la Torá (sobre todo en el Deuteronomio), el resto de celebraciones los unen a todos, estén donde estén y pertenezcan a la clase judía que pertenezcan.

Tu Bishvat (Año nuevo de los árboles), el 15 del quinto mes hebreo; *Purim* (Fiesta de las Suertes), el 14 del sexto mes; *Lag Ba'omer* (Día trigésimo tercero del Omer), el 18 del segundo mes; *Tu B'av* (Día del Amor), el 15 del undécimo mes hebreo.

Todas ellas fiestas que se pueden trasladar de ida y vuelta con las celebraciones católicas, musulmanas y cristianas.

Lo que no suele seguirse en Occidente (y a veces tampoco en ciertas familias judías), son los días de ayuno obligado, seis al año, mientras que los musulmanes tienen el Ramadán, un mes de ayuno de las seis de la mañana a las seis de la tarde; Occidente solo hace ayuno por cuestiones dietéticas, y quizá muy rara vez, en algunos casos sectarios o de moda, por cuestiones esotéricas, místicas o religiosas.

Celebrar los triunfos, y a veces conmemorar las derrotas, como método de comunión y unión entre un pueblo determinado es habitual en el mundo entero, solo que algunas sociedades son más patrióticas que otras y se lo toman más en serio, tanto, que hasta pueden reprimir, castigar o incluso exiliar o matar a quienes no las celebren o conmemoren, y la comunidad judía suele ser muy inquisitiva en ello, aunque muchos de sus miembros más jóvenes se rebelen y no las sigan ni las veneren.

Paciencia, decía la madre de Hans, hay que tener paciencia para que todo vuelva a su cauce, porque los jóvenes pueden alejarse y desviarse, pero nunca perderse del todo cuando tienen una formación judía firme en sus hogares.

A los jóvenes judíos, hasta la adolescencia, 15 o 16 años de edad, se les suele permitir comer carne de cerdo, jamón ibérico, camarones, vinos que no sean kosher, ciertas licencias sexuales, tener amistad con uno que otro gentil o *goyim*, porque tienen que convivir con el mundo externo, ir a la escuela, al cine o a bares y restaurantes que no son judíos, pero llegado el momento eso se acaba, y van a universidades o escuelas del todo judías (aunque estas permitan la presencia de estudiantes gentiles), donde se celebran todas las fiestas, se conmemoran todas las fechas importantes, se acude a todos los ritos, se reza, ora y canta en *ídish* o en hebreo, y se cumple estrictamente con los ayunos, recuperando así el tiempo perdido y limpiando su alma de la contaminación externa.

En muchos casos (lo he vivido personalmente), los matrimonios son concertados desde la infancia entre familias judías, siendo muy permisivos con los novios y las novias hasta un mes antes del matrimonio, si no recuerdo mal, porque una vez casados y sin la sombra de un embarazo ajeno a la sangre judía, el casamiento es sagrado y debe mantenerse hasta la muerte, aunque sí existe la posibilidad de divorcio.

No en todas las comunidades judías es lo mismo, porque hay muchas, sobre todo en Estados Unidos, donde el matrimonio es libre y ya no se intenta obligar a nadie a casarse con gente judía. Eso sí, la madre sigue dando la sangre de pertenencia al grupo aunque se case con un gentil y tenga hijos con él, renegando en algún momento de su fe y haciéndose pasar por cristiana protestante o por católica, no importa, porque la sangre que transmite a su descendencia sigue siendo sagrada, elegida por Yahvé y judía, conservando y uniendo de esta manera, incluso aquello que no se quiere conservar y unir.

A veces las mitologías, como la judía, unen más a un pueblo que la propia religión oficial y reglada, durante miles de años y ante todo tipo de adversidades, con lo que a menudo lo difícil es gestionar la bonanza, la riqueza y la falta de persecución o la amenaza de extinción, como le sucedió a Sodoma, porque el exceso de paz, tranquilidad y abundancia relaja la conciencia de ser y de estar, de pertenecer y de necesitar a un dios, a una identidad o a una comunidad, y entonces surge la verdadera diáspora que lo desune o lo destruye todo, dejando de usar la kipá (gorrito que se coloca sobre la coronilla, o chakra coronario, para abrir la mente y conectarla con la divinidad) en los lugares sagrados o de estudio, donde debe ser obligatorio incluso para los no judíos que accedan a ellos; no usarlo es una ofensa grosera y hasta un verdadero anatema para los rabís, pero por desgracia cada vez más habitual entre los judíos ricos y poderosos, o simplemente modernos de Estados Unidos y Europa, según señalan y critican los mismos judíos, sobre todo los ortodoxos.

Las mujeres judías no usan kipá, porque tienen suficiente con trenzarse el pelo.

Y para terminar, esperando que este libro haya sido de tu agrado, recuerda que quizá seas una persona judía, y no lo sepas, por vía de la sangre materna que ha llegado hasta ti de alguna manera (revisa tu árbol genealógico), y solo por ello puedes tener derecho a la nacionalidad del Estado de Israel, y a los bienes y privilegios que debe gozar todo judío, así lo dicen las leyes hebreas tanto como la mitología judía. Felicidades de cualquier manera.

Bibliografía

Brenner, Michael.(2012). *Breve historia de los judíos*. Buenos Aires.

Dubnow, Simón. (1977). *Manual de la historia judía: desde los orígenes hasta nuestros días*. Buenos Aires: Sigal.

Eisenberg, Josy. (1970). *Une histoire des Juifs*. París: C.A.L.

Johnson, Paul. (2010). *La historia de los judíos*. Barcelona.

Kochav, Sarah. (2005). *Grandes Civilizaciones del Pasado: Israel*. Barcelona: Ediciones Folio.

Sed-Rajna, Gabrielle. (2000). *L'ABCdaire du judaïsme*. París: Ediciones Flammarion.

Tapia Rodríguez, Javier. (2003). *El gran libro de las mitologías*. Barcelona: Plutón Ediciones.

(2018). Biblia Tanaj. México: Editorial Jerusalén de México.

(2021). La Torá. Barcelona: Ediciones Obelisco.

Índice